MW01626297

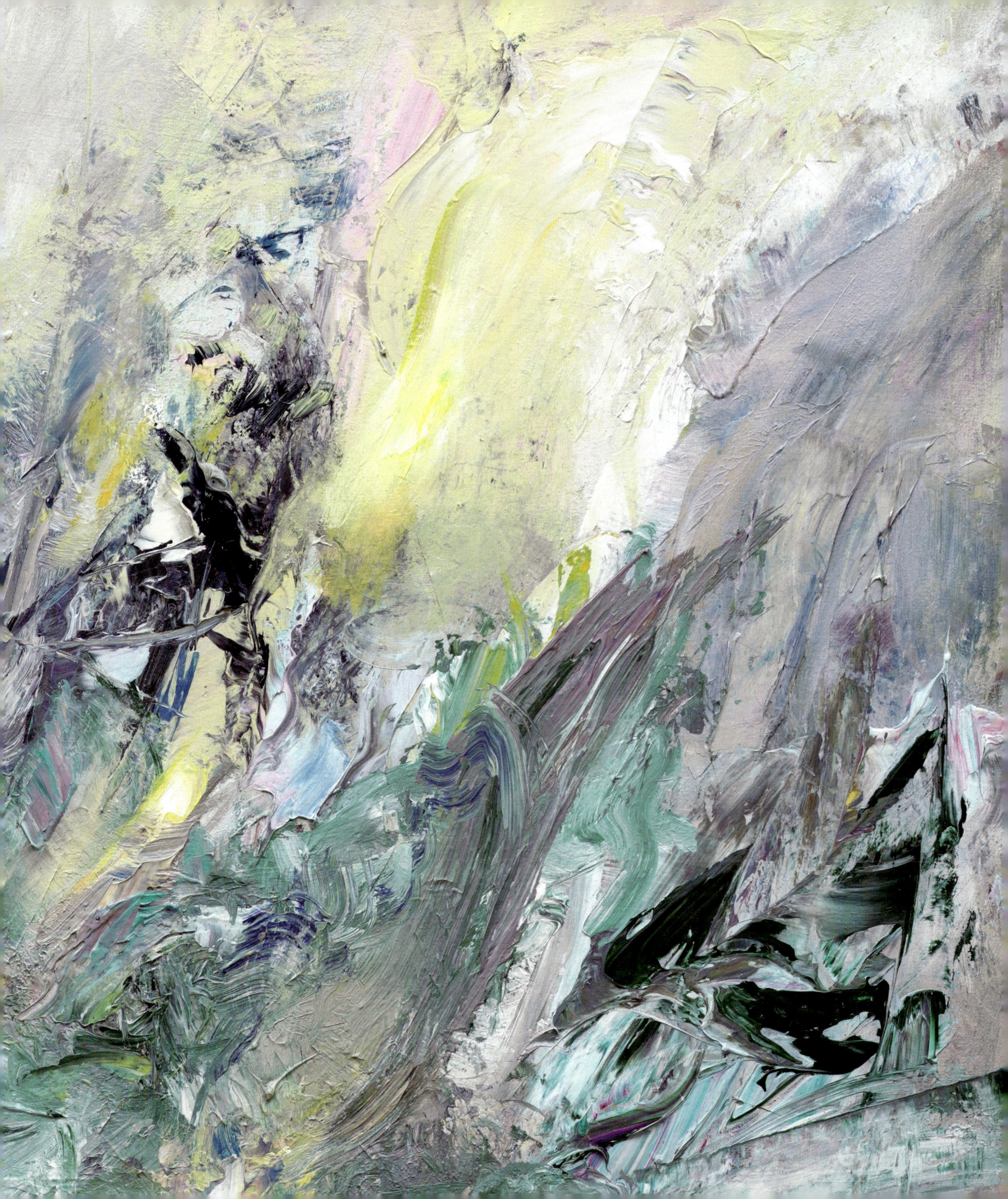

(preceding page | page précédente)
Navigator Series (Flare) (detail | détail), 2023

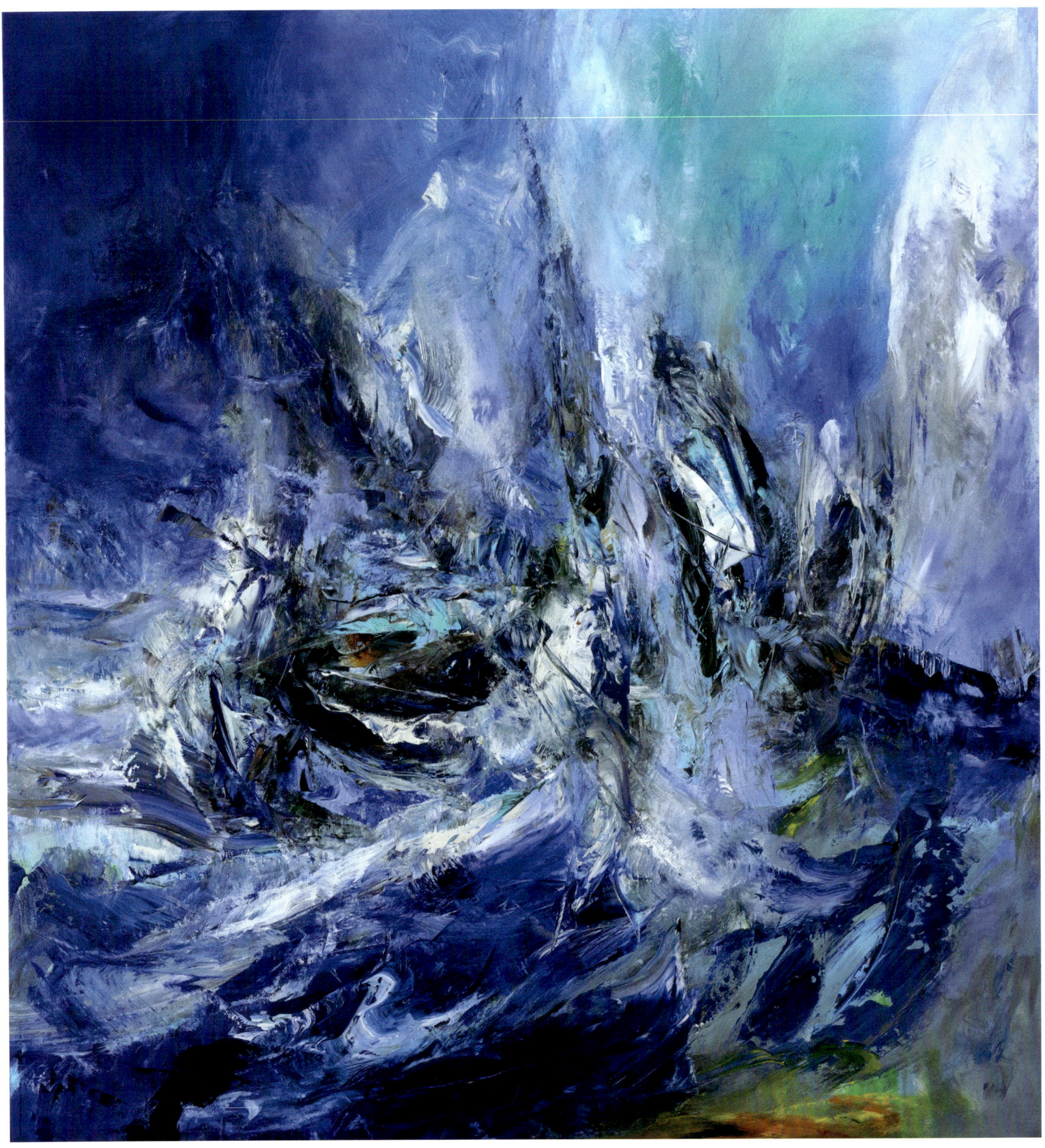

Collide, 2023

Sea of Change

MICHAEL SMITH

Mer mouvante

JOHN LEROUX   NANCY TOUSLEY

Goose Lane Editions   Beaverbrook Art Gallery | Musée des beaux-arts Beaverbrook

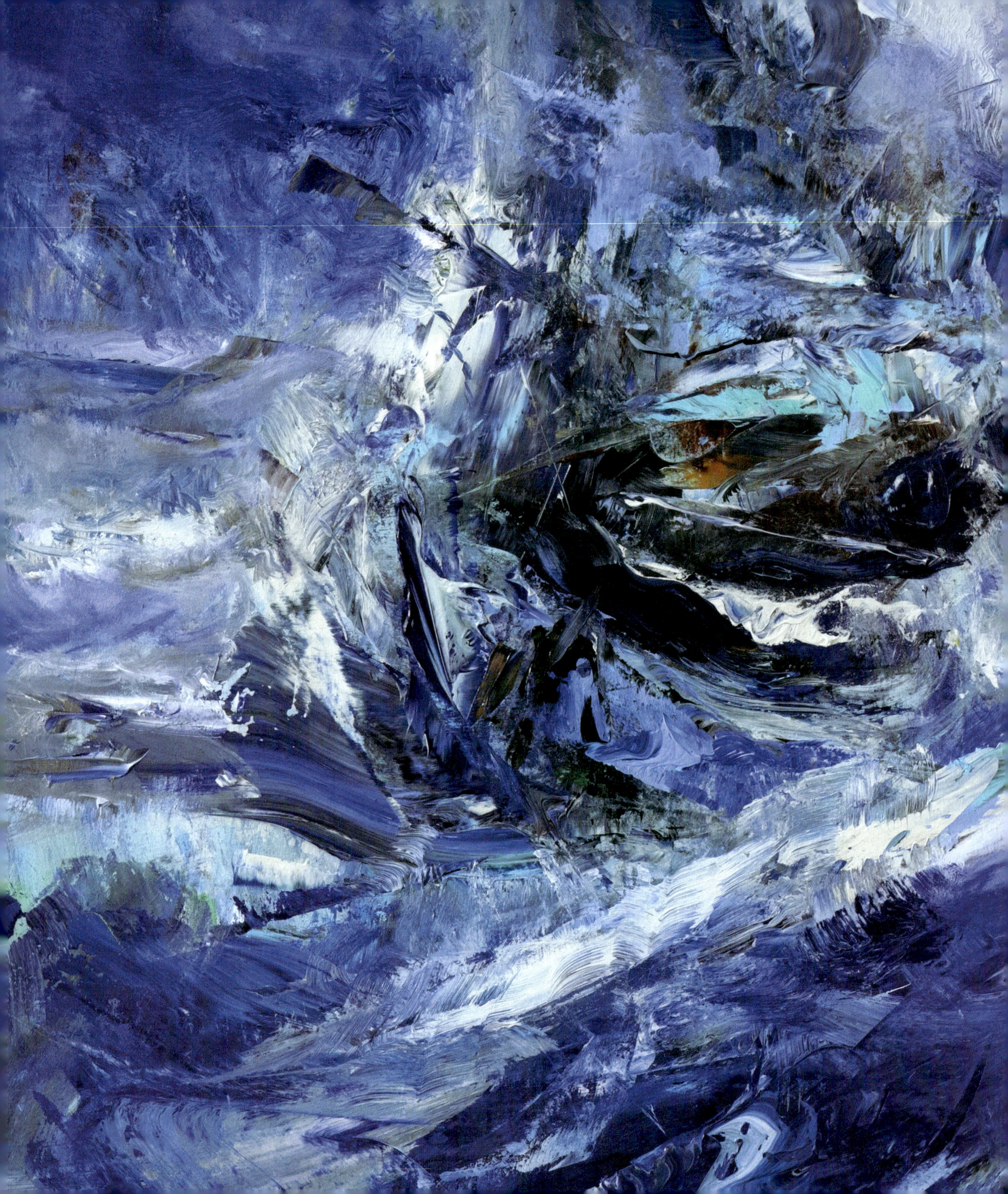

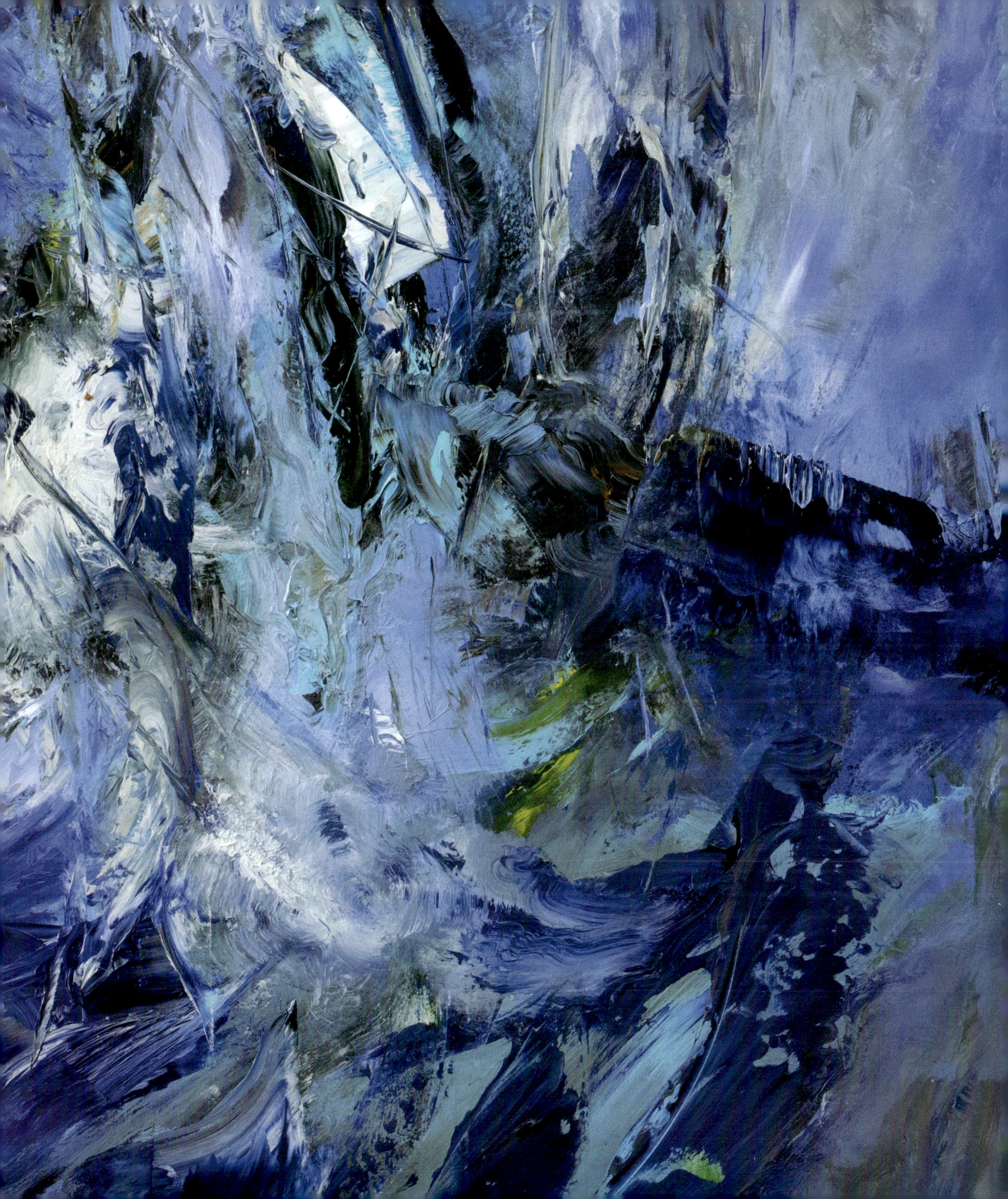

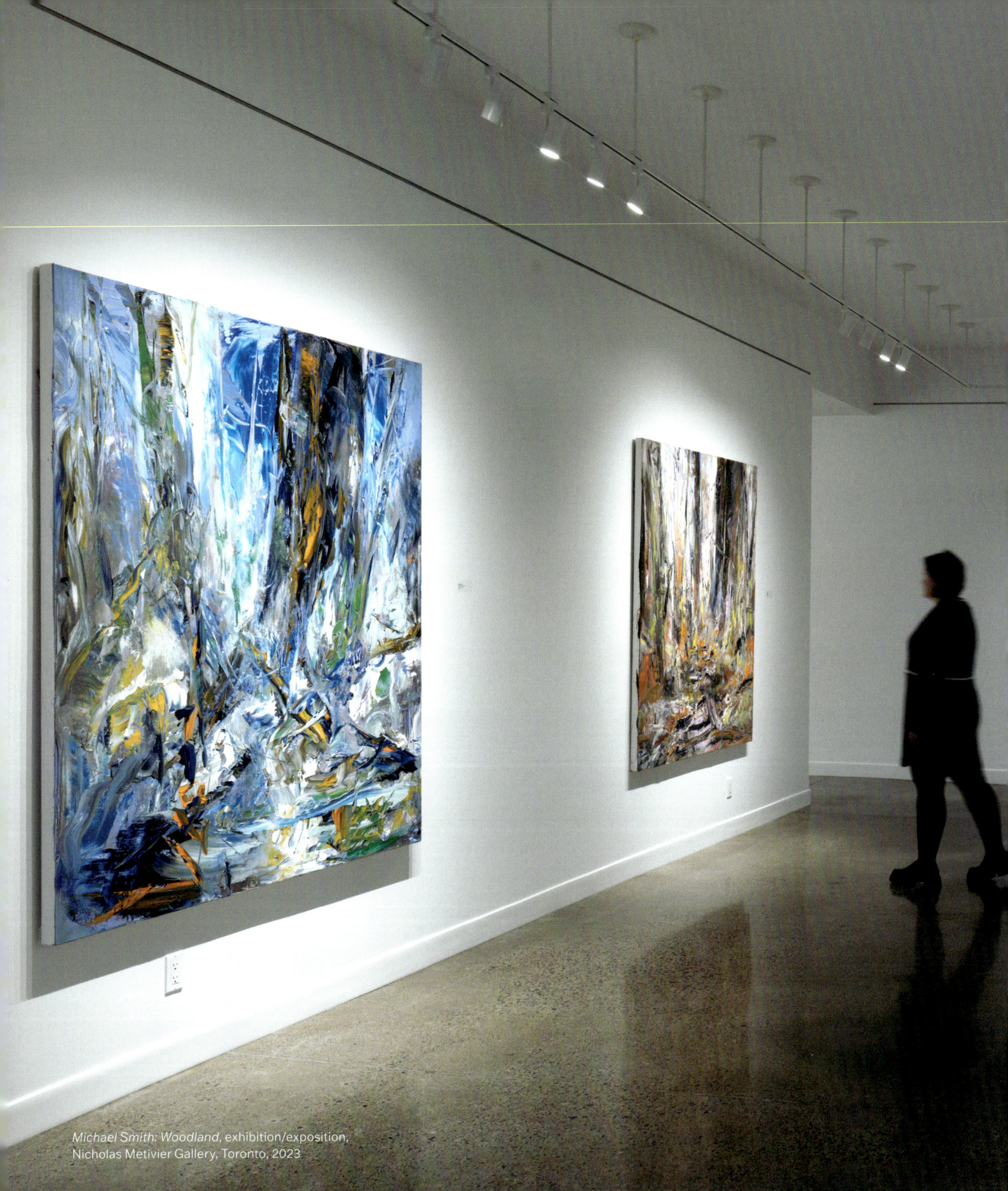

Michael Smith: Woodland, exhibition/exposition,
Nicholas Metivier Gallery, Toronto, 2023

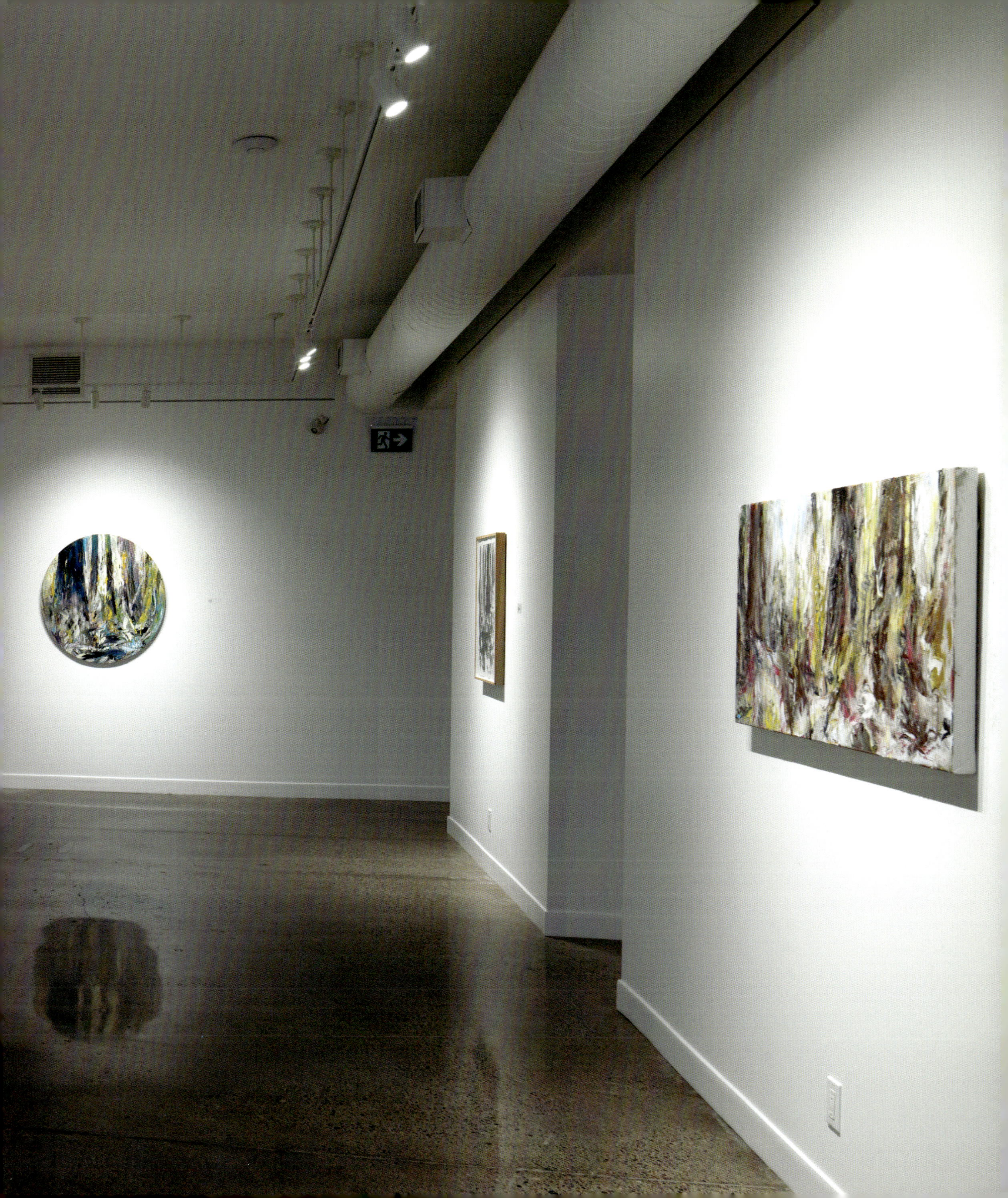

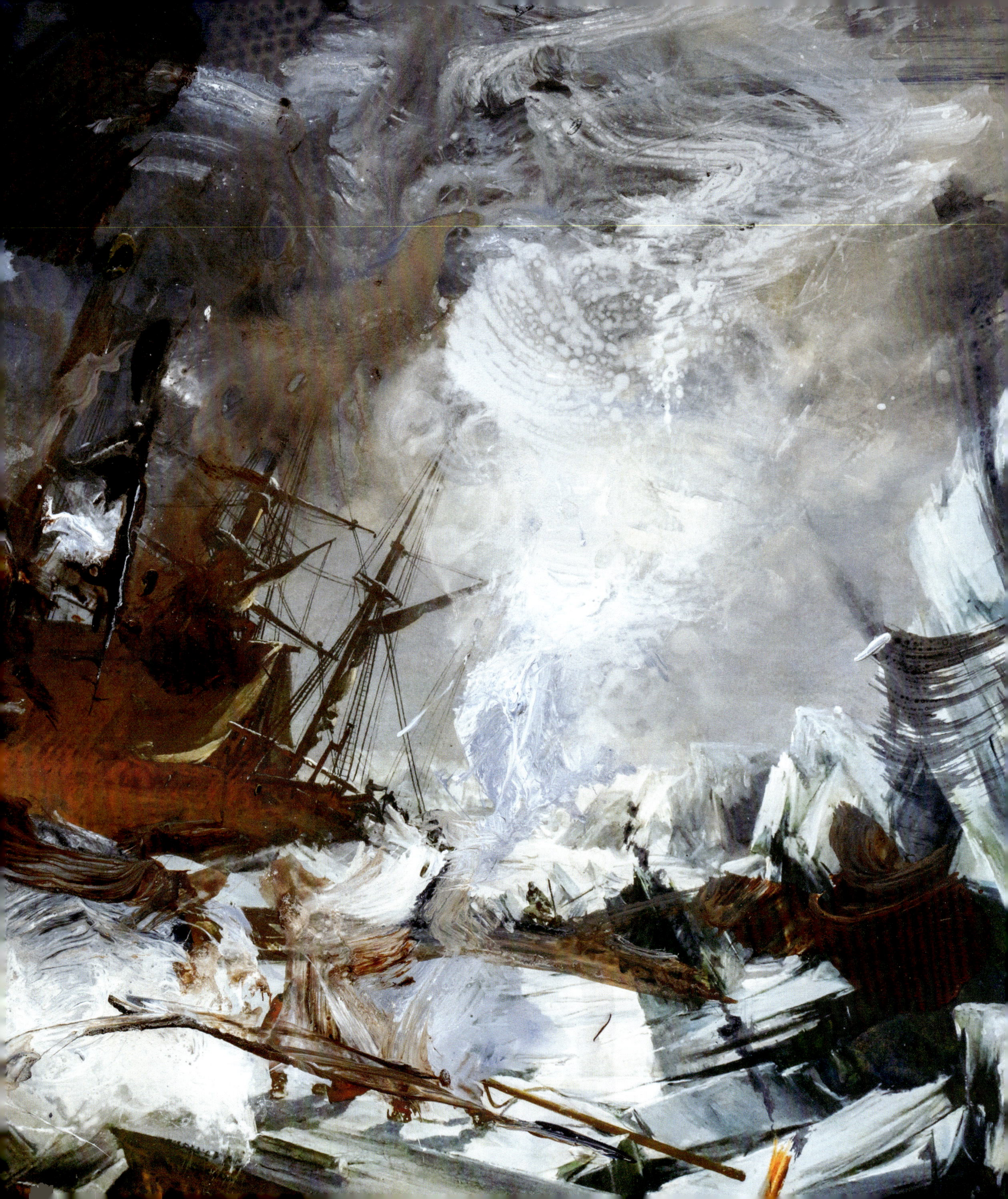

Contents

FOREWORD **11**
Tom Smart

MICHAEL SMITH
Painting and Life Are Always Changing **21**
Nancy Tousley

ELEMENTAL FORCES
John Leroux in Conversation with Michael Smith **61**

Acknowledgements 103

Artist Biography 105

Contributors 107

List of Works 109

Table des matières

AVANT-PROPOS **11**
Tom Smart

MICHAEL SMITH
La peinture et la vie en constante évolution **21**
Nancy Tousley

FORCES ÉLÉMENTAIRES
Un entretien de John Leroux avec Michael Smith **61**

Remerciements 103

Biographie de l'artiste 105

Collaborateurs 107

Liste des œuvres 111

Small Study (detail) | Petite étude (détail), 2023

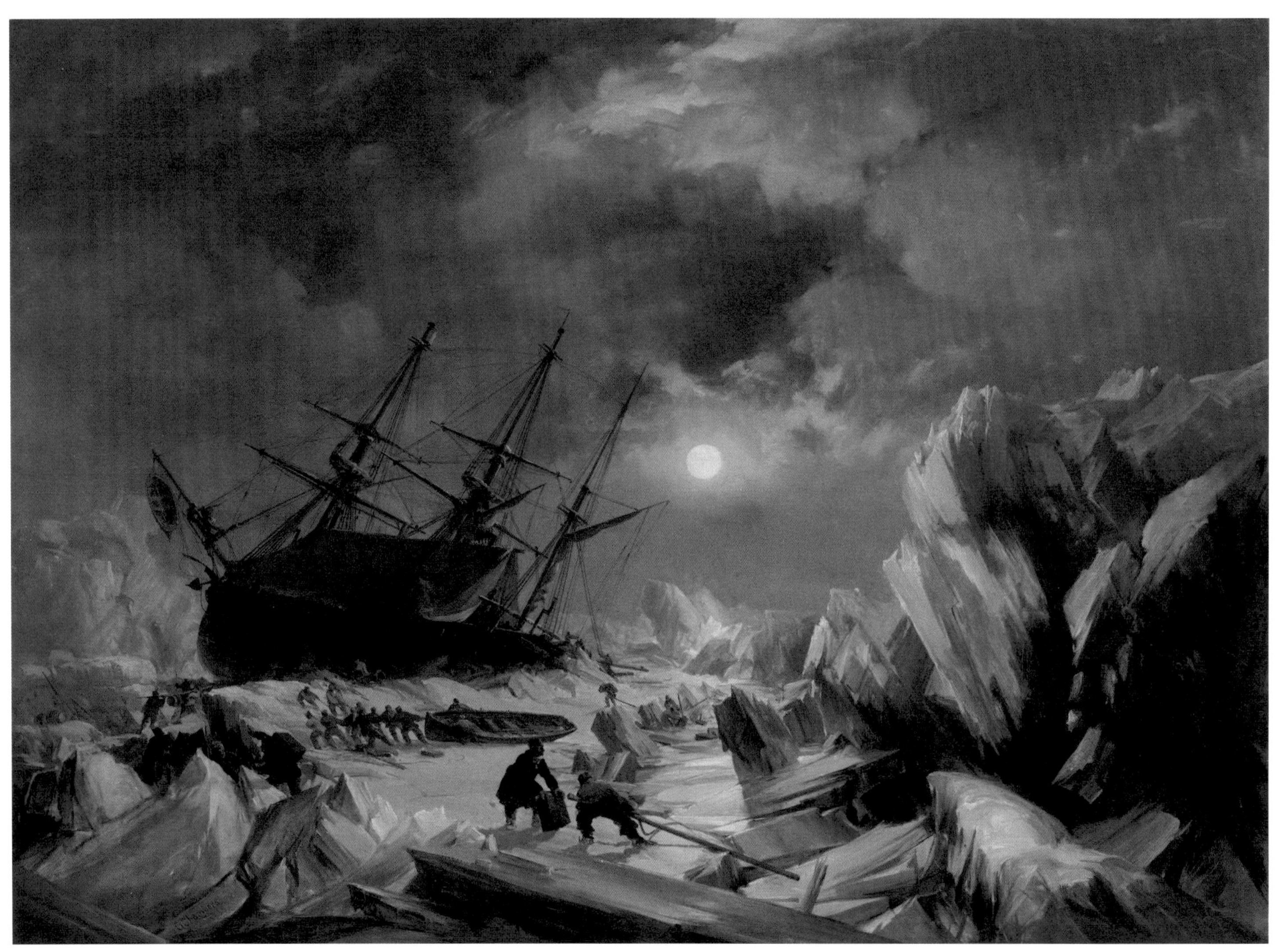

GEORGE CHAMBERS
The Crew of HMS 'Terror' Saving the Boats and Provisions on the Night of 15th March, 1837, 1838

Foreword

On the night of March 15, 1837, the crew of the British warship *Terror*, stuck in the Arctic ice, realized that to save what was left of their provisions and their souls, they had to abandon the boat that had harboured them and face an uncertain fate in a desolate landscape. The urgency of their mission galvanized them to strike out into the frozen hell that surrounded them in a bid to stay alive. This chilling moment is captured in George Chambers's sublime painting that is part of the Beaverbrook Art Gallery's collection.

The painting's intensity lies in the way it depicts nature's mercilessness. It conjures powerful emotions as we empathize with the sailors pitting themselves against mighty, heartless natural forces. Across time and space, we find ourselves linked to them, sharing what they saw as certain doom, pitying them while also cursing the malevolence of nature. In a cruel irony that was certainly not lost on the desperate sailors, Chambers's painting is a metaphor of terror.

Michael Smith, a landscape painter, has revisited this painting and the event to isolate and express the emotions that swirl around this gripping episode. His purpose is to express the intensity of the ordeal and its human responses through the unique elements of painting — a dazzling palette of colours and vividly expressive brushstrokes. He gives us new metaphors of an awesome nineteenth-century calamity. In Smith's hands, the sheer potency that Chambers set down in paint nearly two centuries ago has a pallor that rings true today.

With some of Smith's exhibition paintings first shown at the Nicholas Metivier Gallery and also at the Trépanier-Baer Gallery in 2019, the series' gestation began at the Beaverbrook in 2018 during a month-long residency at the Bruno Bobak Artist-in-Residence Studio. We are

Avant-propos

Dans la nuit du 15 mars 1837, les membres d'équipage du navire de guerre britannique *Terror* sont emprisonnés dans les glaces de l'Arctique. Ils doivent se résoudre à abandonner leur trois-mâts et affronter un destin funeste sur un territoire désolé. L'urgence de la situation les pousse à s'aventurer dans un enfer gelé avec ce qu'il leur reste de provisions pour tenter de sauver leur peau. Ce moment terrifiant est capturé dans le sublime tableau de George Chambers, qui fait partie de la collection du Musée des beaux-arts Beaverbrook.

L'intensité de l'œuvre réside dans la manière dont Chambers représente la nature impitoyable. Elle éveille en nous des émotions puissantes, car nous éprouvons de l'empathie pour les marins qui affrontent des forces de la nature implacables et cruelles. Malgré le temps et l'espace qui nous séparent de ces hommes, nous nous sentons liés à eux. Nous pressentons nous aussi l'imminence d'une mort certaine, nous les plaignons tout en maudissant la malveillance de la nature. Par une cruelle ironie qui n'a certainement pas échappé aux marins désespérés, le tableau de Chambers est une métaphore de la terreur, du nom du navire.

Le peintre paysagiste Michael Smith a réinterprété ce tableau et l'événement lui-même pour isoler les émotions qui gravitent autour de cet épisode saisissant de l'histoire afin de mieux exprimer l'intensité de cette épreuve. Il reproduit les réactions humaines au moyen d'éléments propres à son art : une palette de couleurs éblouissantes et des coups de pinceau vifs et expressifs. L'artiste nous propose de nouvelles interprétations de cette terrible tragédie survenue au XIXe siècle. Grâce au geste de Smith, la puissance pure que Chambers a traduite en peinture il y a près de deux siècles acquiert une pâleur qui sonne juste aujourd'hui.

La série trouve son origine au Beaverbrook en 2018 lors d'une résidence d'un mois dans le cadre du Programme d'artiste résident Bruno Bobak, puis avec certains tableaux exposés pour la première fois à la Nicholas Metivier Gallery de Toronto, puis à la

very grateful for the generous collegiality of the Nicholas Metivier Gallery and staff who worked with us to present the exhibition at the Beaverbrook.

My thanks to the staff of the Beaverbrook, particularly John Leroux, director of the Marion McCain Institute for Atlantic Canadian Art and manager of Collections and Exhibitions, and Adda Mihailescu, Manager of Education and Public Programs, for their work organizing the artist-in-residence program and producing this exhibition. We are grateful for the generous funding of the residency program from the Sheila Hugh Mackay Foundation, as well as funds from the artist's dealers: Nicholas Metivier Gallery, TrépanierBaer Gallery, and Michael Gibson Gallery. I am also enormously grateful to the lenders who have agreed to share their paintings with us and the communities we serve.

TOM SMART
Director, Beaverbrook Art Gallery
December 2023

TrépanierBaer Gallery de Calgary l'année suivante. Nous sommes très reconnaissants de la généreuse collaboration de la Nicholas Metivier Gallery et du personnel qui a travaillé avec nous pour présenter l'exposition au Beaverbrook.

Je remercie le personnel du Musée des beaux-arts Beaverbrook, en particulier John Leroux, directeur de l'Institut Marion McCain pour l'art du Canada atlantique et directeur des collections et des expositions, ainsi que Adda Mihailescu, directrice des programmes publics, d'avoir mis sur pied cette exposition et le programme de résidence d'artiste de cette exposition. Nous sommes reconnaissants à la Fondation Sheila Hugh Mackay qui a généreusement financé le programme de résidence, ainsi qu'aux marchands de l'artiste : la Nicholas Metivier Gallery, la TrépanierBaer Gallery et la Michael Gibson Gallery. Enfin, je suis très reconnaissant envers les collectionneurs qui ont accepté de nous prêter leurs tableaux au bénéfice des communautés que nous desservons.

TOM SMART
Directeur, Musée des beaux-arts Beaverbrook
Décembre 2023

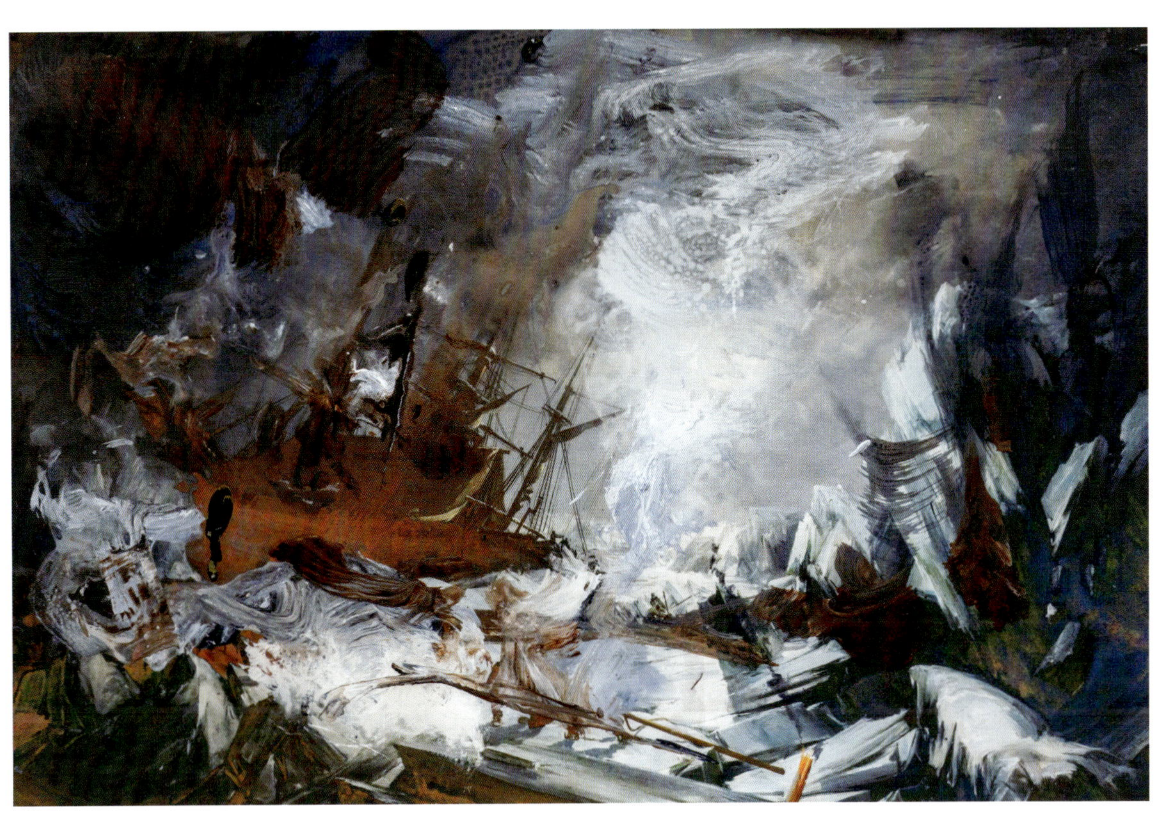

Small Study | Petite étude, 2023

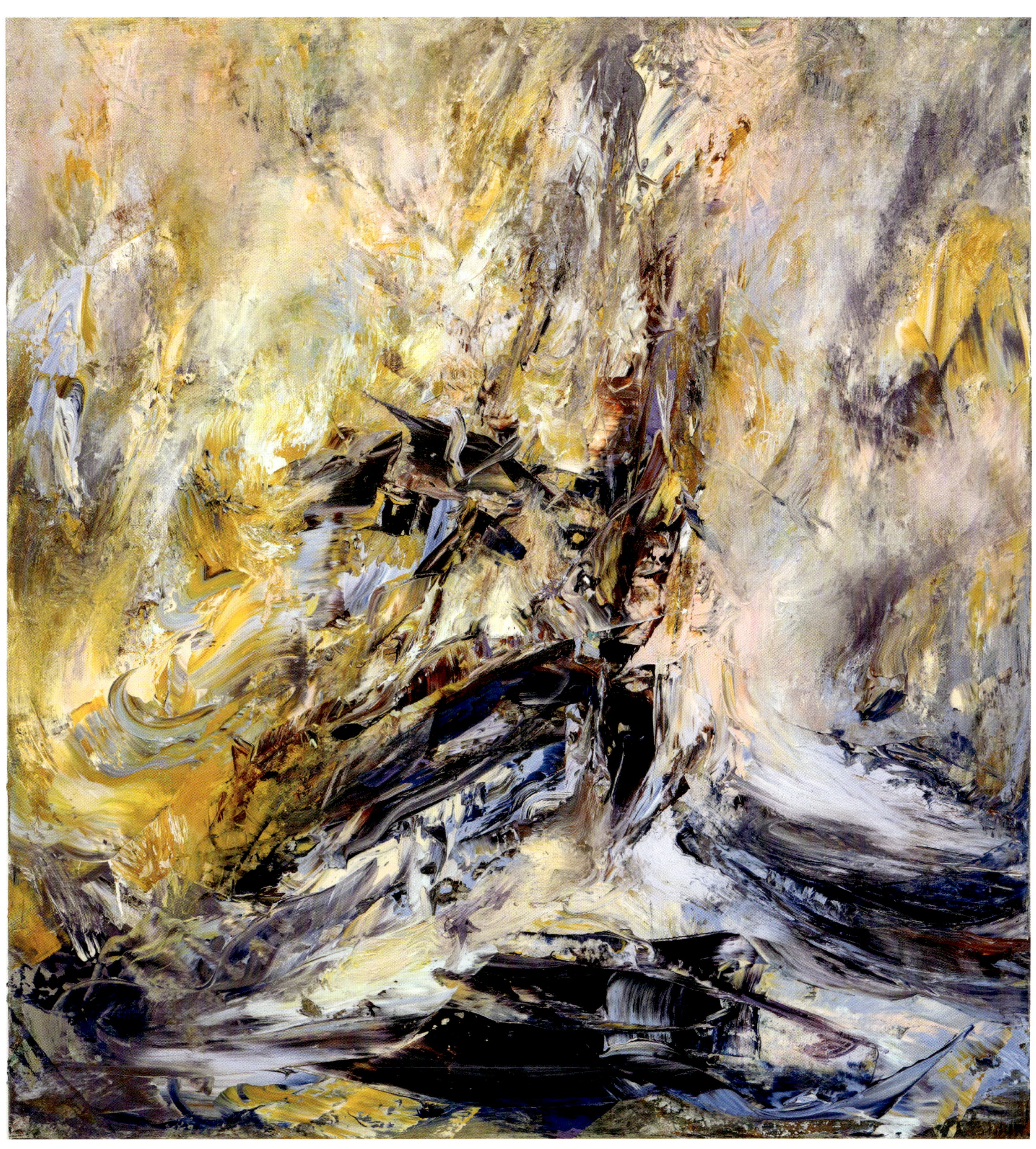

Breaking North, 2024

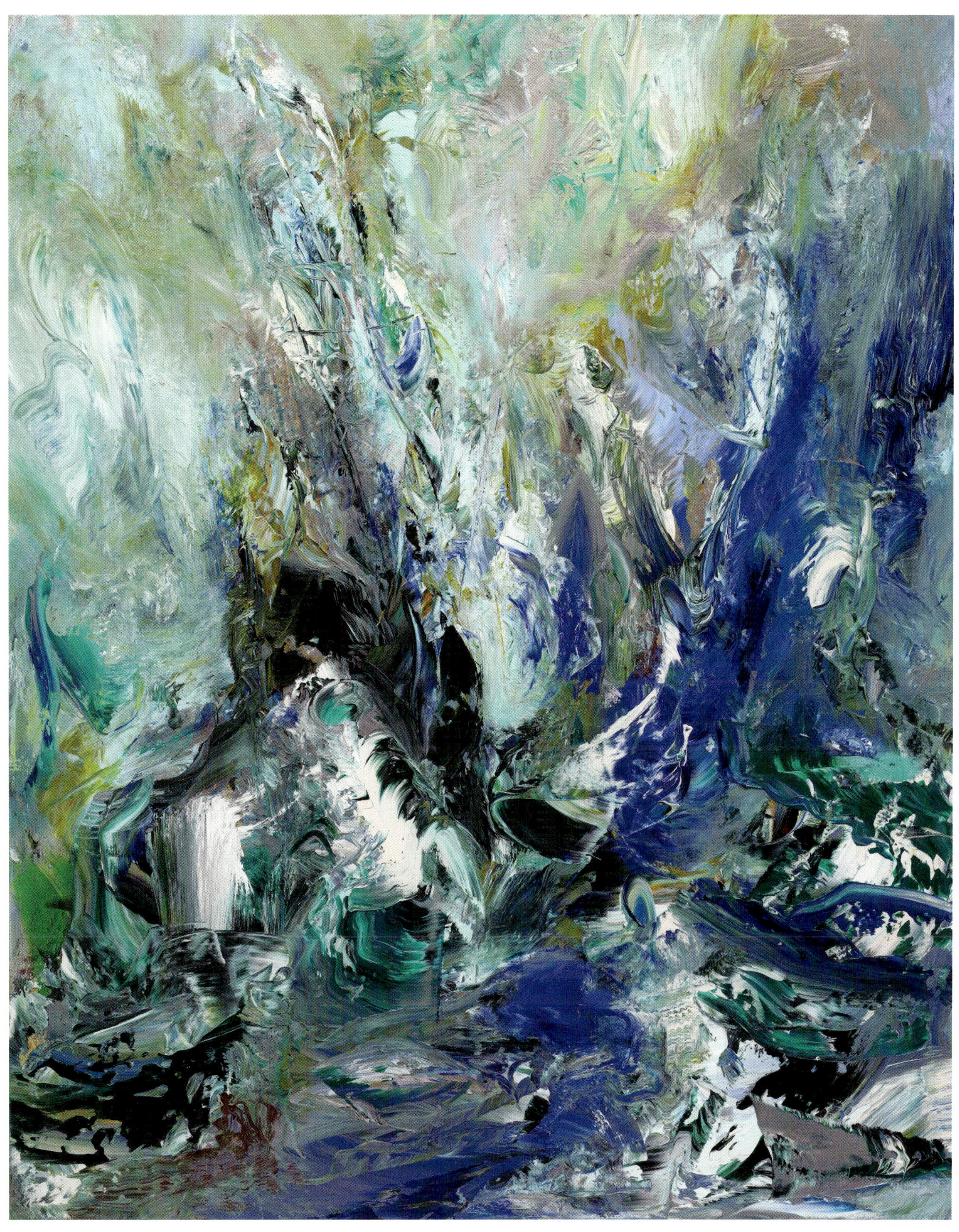

Navigator Series (Ready About), 2023

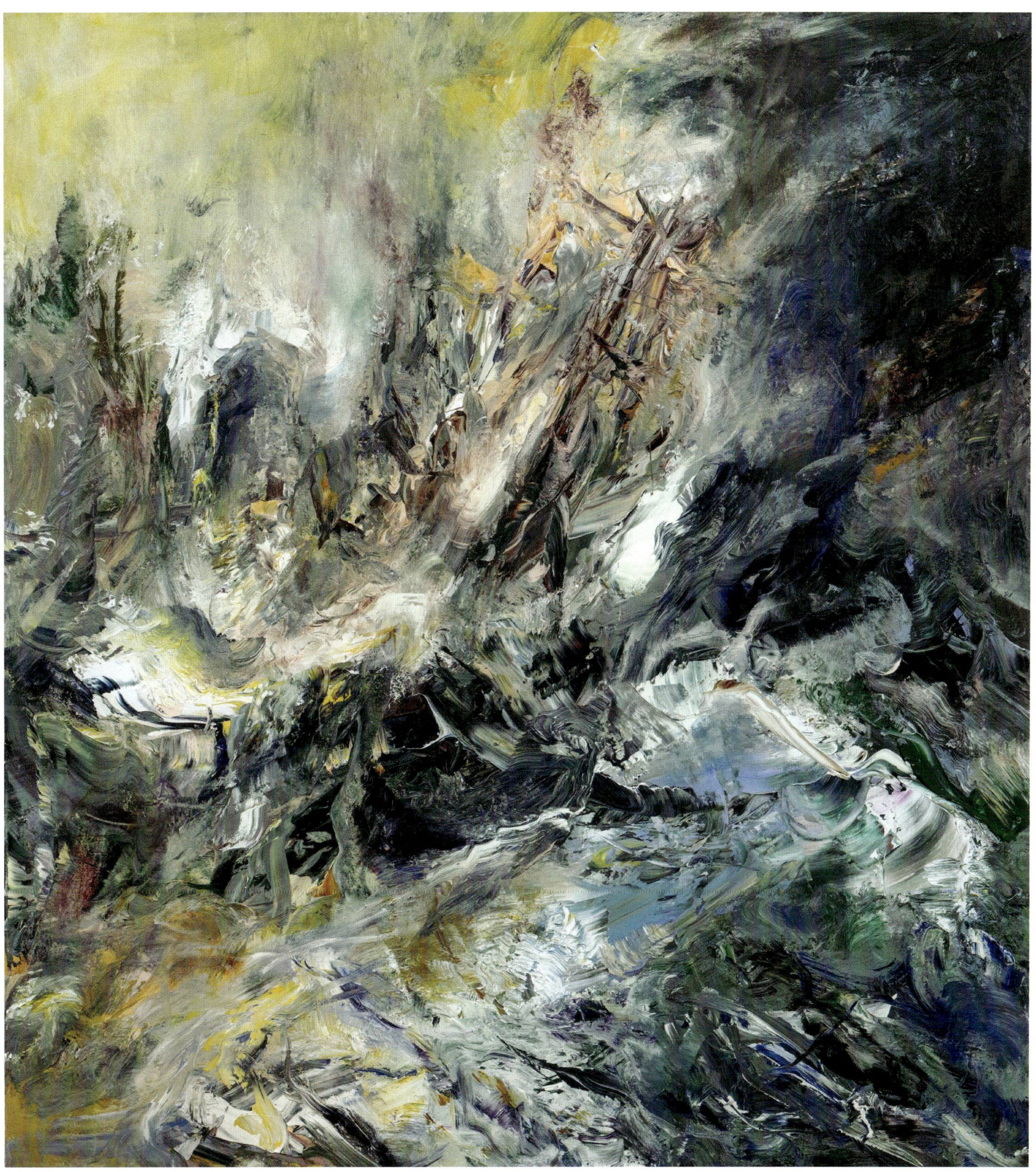

Squall, 2023

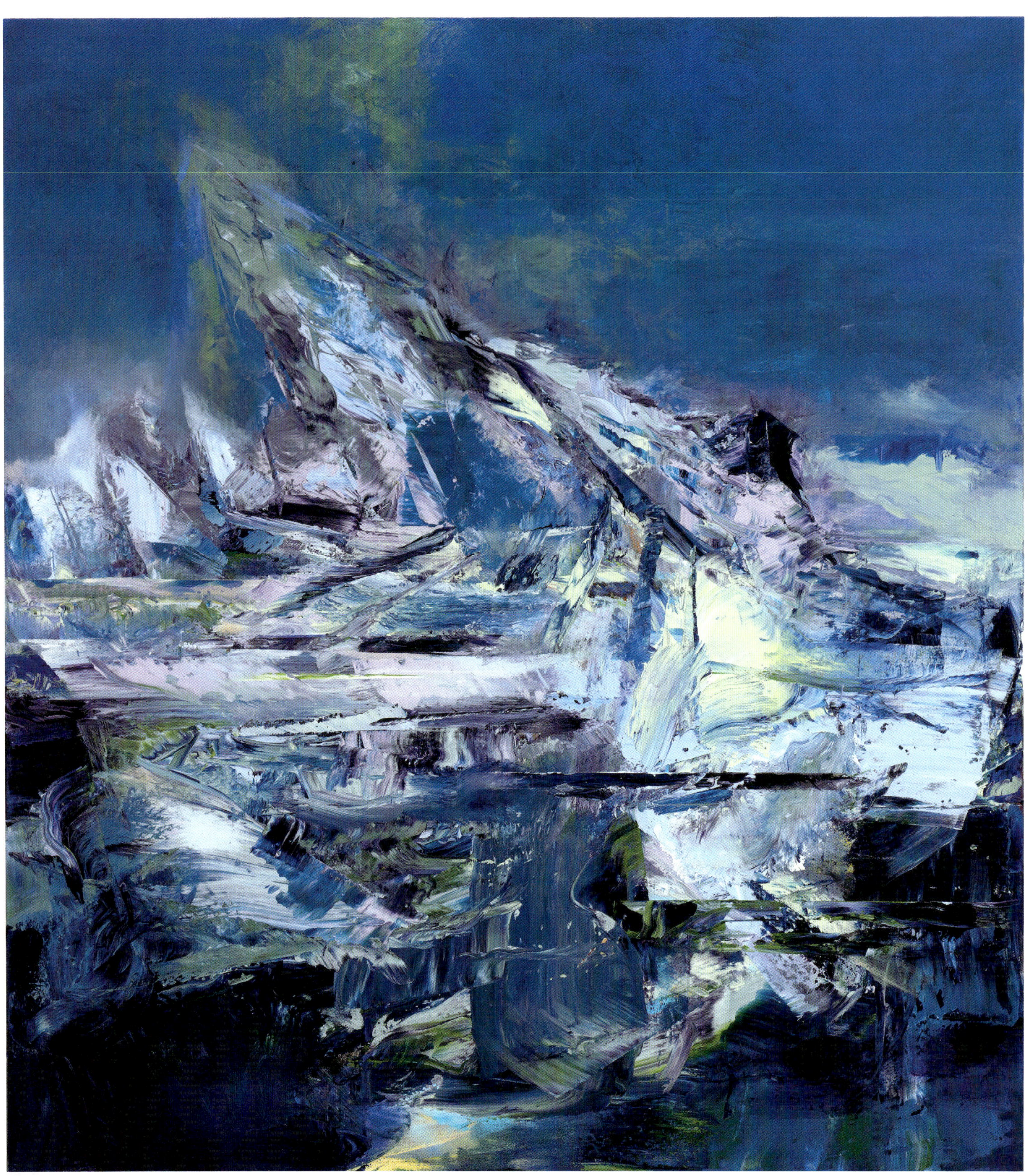

 Crossing (detail | détail), 2019

Michael Smith
Painting and Life Are Always Changing

NANCY TOUSLEY

Michael Smith's approach to the surface of a painting is physical and intense. Video clips on his website show him in the studio focused on the next move to make on a work in progress. He has backed away to survey a layered field of paint he has built up, taken down, and built up again. He picks up a long, narrow piece of wood and steps forward to deliver a succession of quick vertical slaps to the canvas that fan out in an arc to the right. Next he makes light, sweeping strokes with a wide brush in the opposite direction, and then he scribbles furiously into the paint with the end of a pointed stick. These movements engage his entire body: eyes, hands, arms, elbows, knees, and feet. Smith can be regarded as an action painter, but "action" as a lone qualifier shortchanges the conceptual, material, and physical complexities of his process. Smith says he expresses the world he inhabits through the body, but it should be remembered that the mind works through the brain, the body's most complex part.

The surfaces of his paintings present an almost dizzying array of marks — daubs, scumbles, broken brushstrokes, long vertical or diagonal slashes, flecks of local colour, wide swathes, misty blurs, skeins, squiggles, semicircular strokes, and floaters — that might appear to be the result of sheer improvisation, chance, or accident. Improvisation is a relevant factor; however, Smith affirms that he can account for every square inch.

He has been thinking about and making paintings for more than forty years. Landscape and seascape are his primary subjects, but Smith has broken open genre conventions to reimagine them as dense, dynamically active paint surfaces within which images slip perceptually back

Michael Smith
La peinture et la vie en constante évolution

NANCY TOUSLEY

Michael Smith traite la surface d'un tableau de manière physique et intense. Des clips vidéo diffusés sur son site Web le montrent dans son atelier, concentré sur l'étape suivante de l'œuvre en cours. Il recule de quelques pas pour examiner l'aspect des couches de peinture qu'il a superposées, enlevées et reconstruites. Il saisit une longue baguette de bois et s'avance pour donner sur la toile une succession de coups rapides et verticaux qui se déplacent vers la droite en arc de cercle. Il effectue ensuite de légers mouvements de balayage avec un pinceau large dans la direction opposée, puis gratte furieusement la peinture avec l'extrémité d'un bâton pointu. Ces mouvements engagent tout son corps : les yeux, les mains, les bras, les coudes, les genoux et les pieds. Smith peut être considéré comme un *action painter* (peintre gestuel ou expressionniste abstrait), mais ici, le terme « action » ne tient pas compte des complexités conceptuelles, matérielles et physiques de son processus. Smith dit qu'il exprime le monde qu'il habite par l'entremise de son corps, mais il ne faut pas oublier que le cerveau, la partie la plus complexe du corps, est le siège de l'esprit.

Les surfaces des tableaux de Smith présentent un éventail presque vertigineux de marques – barbouillages, gribouillages, coups de pinceau hachurés, longs traits verticaux ou diagonaux, mouchetures de couleur, bandes larges, flous brumeux, enchevêtrements, gribouillis, arcs de cercle ou corps flottants – qui peuvent sembler le résultat d'une improvisation pure et simple, du hasard ou d'un accident. L'improvisation est un facteur pertinent, mais Smith affirme qu'il peut justifier chaque centimètre carré de surface peinte sur la toile.

Smith peint et réfléchit à son art depuis plus de 40 ans. Il a pour sujet de prédilection les paysages, tant terrestres que marins, mais il brise les conventions du genre pour les

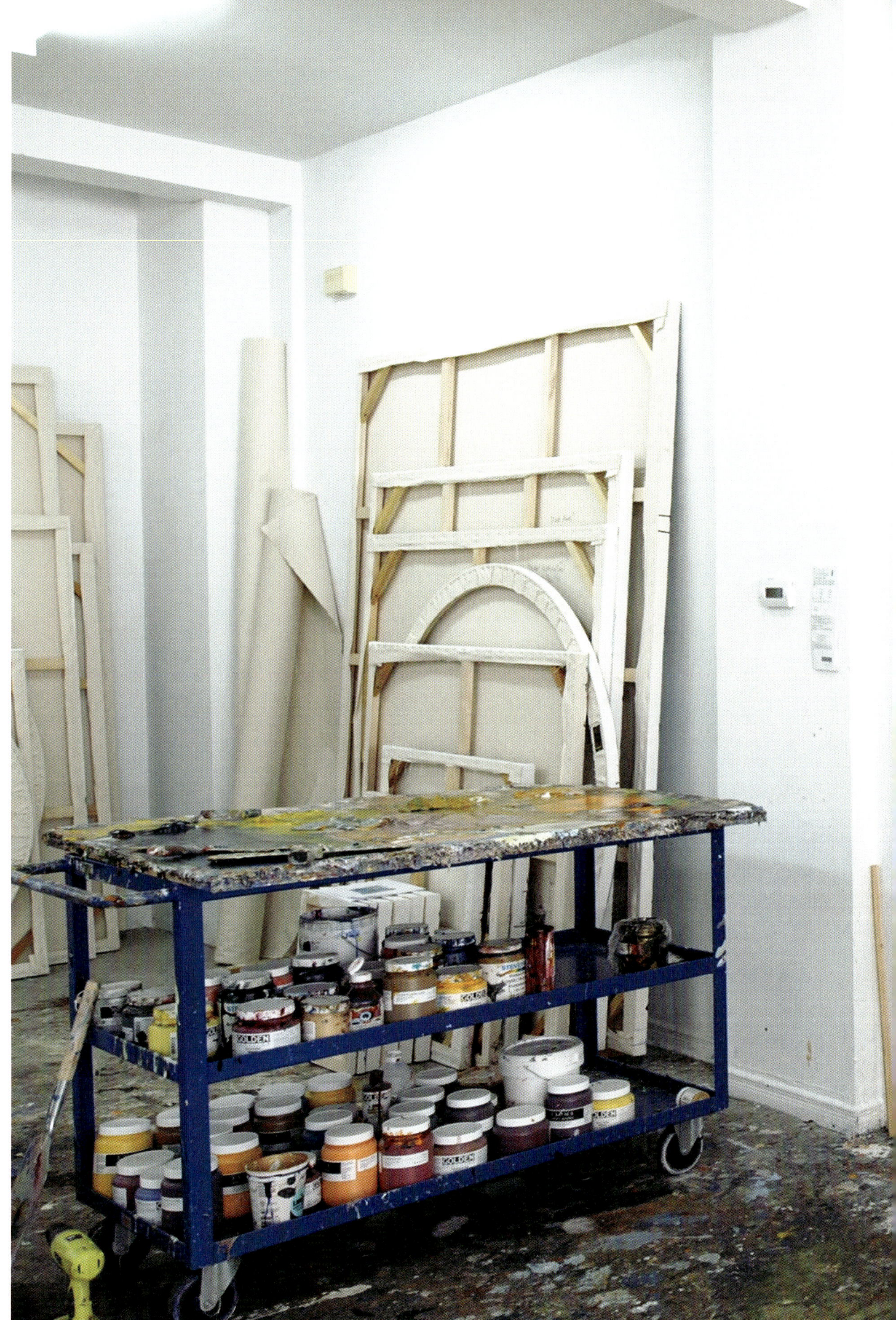
GOLDEN

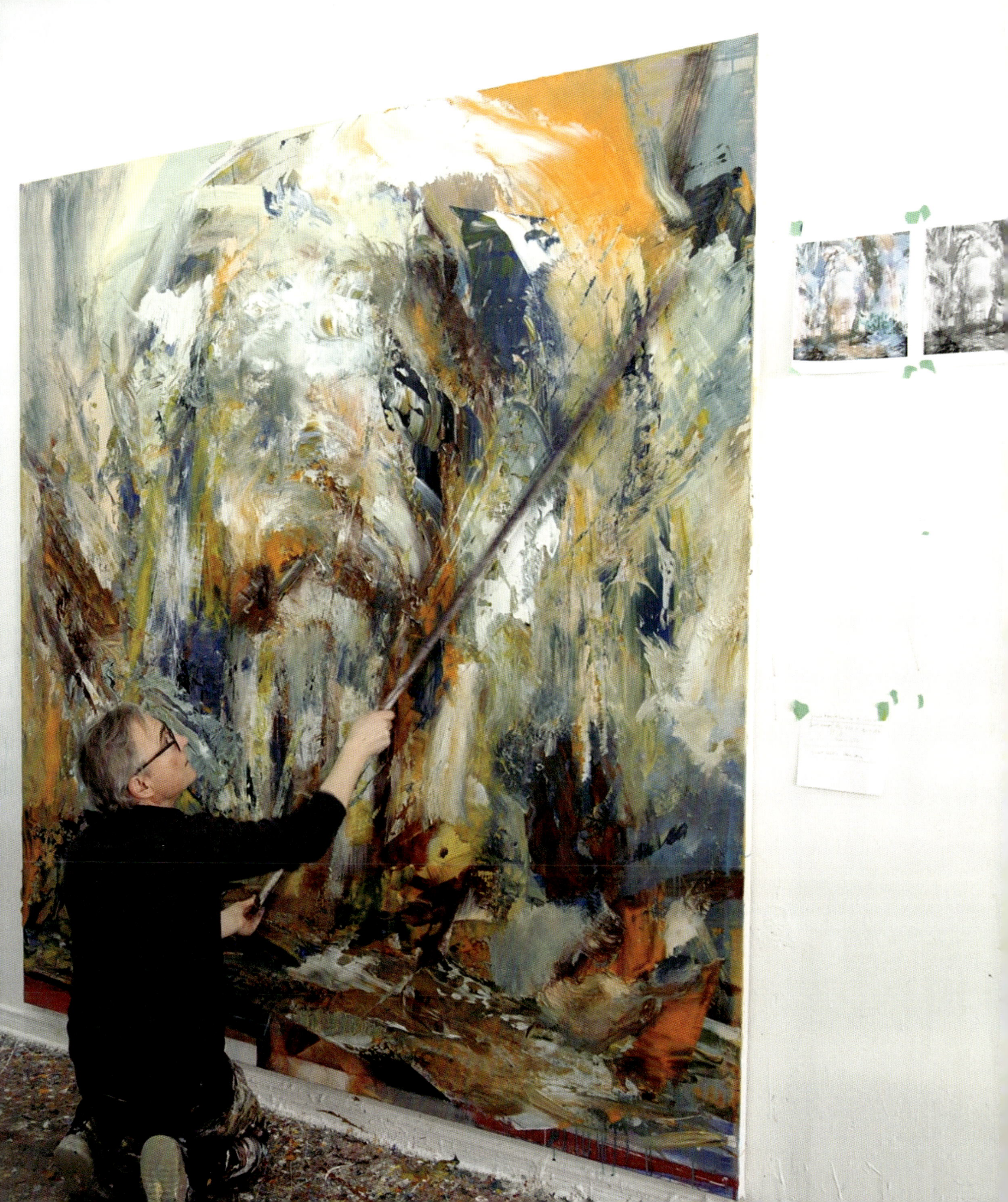

and forth across the border between representation and abstraction. His varying approaches are so deeply seated that manipulating paint has become second nature, as has his acute understanding of process.

Smith's paintings are emphatic material objects that trade in the ephemeral. If only as a glimmer, a recognizable image will present itself in some form that might at first be indiscernible but emerges with a closer look. The paintings are slow reads rich in surface details. Each painting develops its own traceable choreography, though inevitably halfway through, Smith will put aside the research and the visual references he's gathered, scrap them, and start over. The references are more a multidirectional "sketch" than a precise blueprint. With time, as the paint "begins to generate its own dynamics and to live its own life apart from appearances,"[1] a dialogue between the painter and the painting will begin, and the painting, as Smith would say, will "start to make sense."

The term "action painting" was coined by American art critic Harold Rosenberg to apply to Abstract Expressionist painters, who were akin to the Canadian Automatistes in their interests in Surrealism and the creative use of the unconscious. In theory, at least, the first-generation American action painters of the late 1940s, 1950s, and 1960s (Willem de Kooning, Jackson Pollock, Franz Kline, and others) were intent on expressing states of being, and they went to work without images in mind. Rosenberg theorized that these artists approached the canvas as "an arena in which to act rather than as a space in which to reproduce, redesign, analyse or 'express' an object, actual or imagined. What was to go on the canvas was not a picture but an event." He continued, in his well-known 1952 essay for *Art News:* "The painter no longer approached his easel with an image in his mind; he went up to it with material in his hand to do something to that other piece of material in front of him. The image would be the result of this encounter."[2]

réimaginer comme des surfaces de peinture animées, denses et dynamiques au sein desquelles les images glissent, d'un point de vue perceptuel, d'un côté à l'autre de la frontière entre la représentation et l'abstraction. Ses différentes approches sont si profondément ancrées que la manipulation de la peinture est devenue une seconde nature, tout comme sa compréhension approfondie du processus.

Les tableaux de Smith sont des objets matériels théâtraux qui traitent avec l'éphémère. Une forme, parfois une simple lueur, qui peut être indiscernable à première vue, émergera de la toile lorsqu'on la regardera de plus près. Les tableaux, riches en détails à la surface, se lisent lentement. Chacun déploie sa propre chorégraphie traçable. À mi-chemin toutefois, inévitablement, Smith met de côté les recherches et les références visuelles qu'il a rassemblées, les élimine et recommence. Les références relèvent davantage d'« esquisses » multidirectionnelles que d'un plan précis. Avec le temps, lorsque la peinture « se met à générer sa propre dynamique et à vivre sa propre vie en dehors des apparences[1] », un dialogue s'ouvre entre le peintre et son œuvre qui, comme le dirait Smith, « commence à avoir du sens ».

C'est le critique d'art américain Harold Rosenberg qui a créé le terme *action painting* pour désigner la pratique des peintres expressionnistes abstraits, qui partageaient avec les automatistes canadiens un intérêt pour le surréalisme et le recours à l'inconscient à des fins de création. En théorie, du moins, les *action painters* américains de la première génération (de la fin des années 1940 jusqu'aux années 1960) – soit Willem de Kooning, Jackson Pollock et Franz Kline, entre autres – cherchaient à exprimer des états d'âme et se mettaient au travail sans avoir d'images en tête. Selon Rosenberg, ces artistes abordaient la toile « [...] comme une arène offerte à son action – plutôt qu'un espace où reproduire, recréer, analyser ou "exprimer" un objet réel ou imaginaire. Ce qui devait passer sur la toile n'était pas une image, mais un fait, une action. » Rosenberg poursuit, dans son essai bien connu « The American Action Painters » publié dans *Art News* en 1952 : « Ce n'est plus avec une image dans l'esprit que le peintre s'approchait de son chevalet ; il y venait, tenant en main le matériau qui allait servir à modifier cet

Action painting for Smith's generation, whose members began careers in the 1970s and early 1980s and were influenced by process, body, and performance art, can embrace the idea of the canvas as an arena and painting as an event. But their physical, gestural abstraction maintains a foothold in representation that teeters on the verge of uncertainty and chaos, acknowledging the instability and absurdities of contemporary life. The American painter Amy Sillman, Smith's contemporary, writes that their generation rejected the rhetoric of "AbEx" and looked at it as a "technique of the body for those dedicated to the handmade," who in the process "performed aggressive erasures and dialectical interrogations." If you want the body to lead the mind, Sillman further proposes, you are likely to find "painterly materials and AbEx delivery systems: canvas, oil sticks, fat paint brushes, rags, trowels, scrapers, mops, sponges, buckets, and drop cloths. And it's not that you're going to be working 'like' an AbExer, but that the tools themselves will mandate a certain phenomenology of making that emanates from shapes, stains, spills, and smudges."[3]

Smith found these same tools and participates in this phenomenology of making. He describes, as Sillman does, what she calls "the inchoate experience of the body as the organ of knowing."[4] Even so, the foundation of Smith's artistic lineage is primarily English and European; his interest in American and Canadian painters came later. British by birth, Smith grew up north of London, in the village of Walkern, in East Hertfordshire, whose parish church predates the Norman Conquest in 1066. As a child, he began painting views of the surrounding countryside. He visited the works of Poussin, Turner, Constable, and other great landscape painters at the National Gallery and the Tate in London as a pre-teen and lived on the seacoast in Cornwall as a student for the four years he attended the Falmouth College of Art. Smith recalls that the painters Frank Auerbach and Leon Kossoff were much on the minds of British art students

autre matériau placé devant lui. L'image serait le résultat de cette rencontre[2]. »

L'*action painting* de la génération de Smith – dont les membres ont entrepris leur carrière dans les années 1970 et au début des années 1980, et ont été influencés par l'art processuel (*process art*), l'art corporel (*body art*) et la performance – peut souscrire à la notion de la toile comme une arène et à celle de la peinture comme un événement. Toutefois, chez les *action painters*, la pratique physique et gestuelle de l'abstraction reste ancrée dans une représentation qui oscille aux confins de l'incertitude et du chaos, reconnaissant l'instabilité et les absurdités de la vie contemporaine. Selon la peintre américaine Amy Sillman, une contemporaine de Smith, leur génération a rejeté la rhétorique de l'« AbEx » qu'elle considérait comme une « technique du corps pour ceux qui se consacrent au fait main » et qui, au cours du processus, « effectuent des effacements agressifs et des interrogations dialectiques ». Si on veut que le corps guide l'esprit, propose encore Sillman, on trouvera probablement « [...] des matières picturales et des systèmes d'exécution de l'AbEx : toile, bâtonnets de peinture à l'huile, gros pinceaux, chiffons, truelles, grattoirs, vadrouilles, éponges, seaux et toiles de protection. Et ce n'est pas que vous travaillerez "comme" un peintre expressionniste abstrait, mais que les outils eux-mêmes imposeront une certaine phénoménologie de la fabrication qui émane des formes, des taches, des déversements et des salissures[3]. »

Smith a trouvé ces mêmes outils et participe à cette phénoménologie de la fabrication. Il décrit ce que Sillman appelle « l'expérience inachevée du corps comme organe de la connaissance[4] ». Malgré cela, les ascendants artistiques de Smith sont principalement anglais et européens, et son intérêt pour les peintres américains et canadiens se manifestera plus tard. Britannique de naissance, Smith grandit à Walkern, un village du district d'East Hertfordshire, au nord de Londres, dont l'église paroissiale est antérieure à la conquête normande de 1066. Enfant, il commence à peindre des vues de la campagne environnante. Il découvre les œuvres de Poussin, Turner, Constable et d'autres grands paysagistes, dès la préadolescence,

in the 1960s and 1970s. It was Auerbach who had a direct impact on Smith's work.

"I remember seeing my first Auerbach in London," Smith says, "and being immensely impressed by the sheer strength of his doubt and refusal to settle on a finished image — to go through so much 'strata,' editing, erasing, and reworking to create a glimpse of something fresh out of something known in such a physical way — bringing a material presence out of the ephemeral. I took this methodology to heart and for many years spent several months on one painting.... I like painting to show the history of its making. The medium alone adds to this history, being never completely opaque, as the underpainting shows through — painting's anatomy."[5] And Auerbach, like Smith, looks at Constable, who has been referred to by the British art historian Sarah Cove as a "Jackson Pollock of the 1830s."[6] "When you look into the foregrounds, of (Constable's) six-footers in particular, they are so abstract," says Smith, "yet when you step back, they become mud and leaves and mulch and reeds, and they become so explicitly. But up close they are just slabs and scabs and scuds of paint. It's as though he can manufacture from the earth an illusion of actually physically being in a place you would walk into in the English landscape."

In 1978, Smith moved to Montreal, where five years later he received an MFA from Concordia University. Living in Canada brought him in closer contact with the work of Canadian and American abstract painters with whom he had found an affinity: Jean-Paul Riopelle, Joan Mitchell, Philip Guston, Helen Frankenthaler, and Stuart Davis. Smith's feeling of connection was perhaps strongest to Mitchell, a vivid colourist whose work was abstracted from nature and who, like Frankenthaler, was considered an Abstract Expressionist but without the angst and machismo. When Smith made his first sale in a commercial gallery in Montreal in 1983, he chose to accept a colour etching by Mitchell, *Sunflower 3* (1972),

à la National Gallery et à la Tate Gallery, à Londres. Pendant ses quatre années d'études au Falmouth College of Arts, il vit sur la côte de Cornouailles. Smith se souvient que, dans les années 1960 et 1970, les peintres Frank Auerbach et Leon Kossoff étaient très présents dans l'esprit des étudiants en art du pays. D'ailleurs, Auerbach a eu une influence directe sur le travail de Smith.

« Je me souviens d'avoir vu mon premier Auerbach à Londres, » raconte Smith. « J'ai été très impressionné par la force de ses doutes et son refus de se fixer sur une image finie – par le fait qu'il passe par tant de "strates", de modifications, d'effacements et de reprises en vue de créer, de manière aussi physique, l'aperçu d'une image tout juste émergée – en créant une présence matérielle à partir de l'éphémère. Cette méthodologie me tenait à cœur et, pendant de nombreuses années, je consacrais des mois à un seul tableau. [...] J'aime que la peinture montre l'histoire de sa fabrication. La matière à elle seule enrichit cette histoire puisqu'elle n'est jamais complètement opaque. L'ébauche transparaît. C'est l'anatomie de la peinture[5]. » Comme Smith, Auerbach s'intéresse à Constable, que l'historienne de l'art britannique Sarah Cove a qualifié de « Jackson Pollock des années 1830[6] ». Smith explique : « Lorsqu'on regarde les premiers plans, en particulier ceux des *six-footers* [de Constable], ils sont très abstraits, mais lorsqu'on recule, ils se transforment en boue, feuilles, paillis et roseaux, et deviennent si explicites. Par contre, de près, ce ne sont que des plaques, des croûtes et des traits de peinture. C'est comme si Constable pouvait fabriquer, à partir de la terre, l'illusion de se trouver physiquement dans un endroit, en promenade dans la campagne anglaise. »

En 1978, Smith s'installe à Montréal, et cinq ans plus tard, il décroche une maîtrise en beaux-arts de l'Université Concordia. La vie au Canada le rapproche des peintres abstraits canadiens et américains avec lesquels il sent une affinité : Jean-Paul Riopelle, Joan Mitchell, Philip Guston, Helen Frankenthaler et Stuart Davis. Smith se sent probablement le plus proche de Joan Mitchell, une coloriste adepte des tons vifs dont l'œuvre est une abstraction de la nature et qui, comme Frankenthaler, est considérée comme une expressionniste abstraite, mais sans

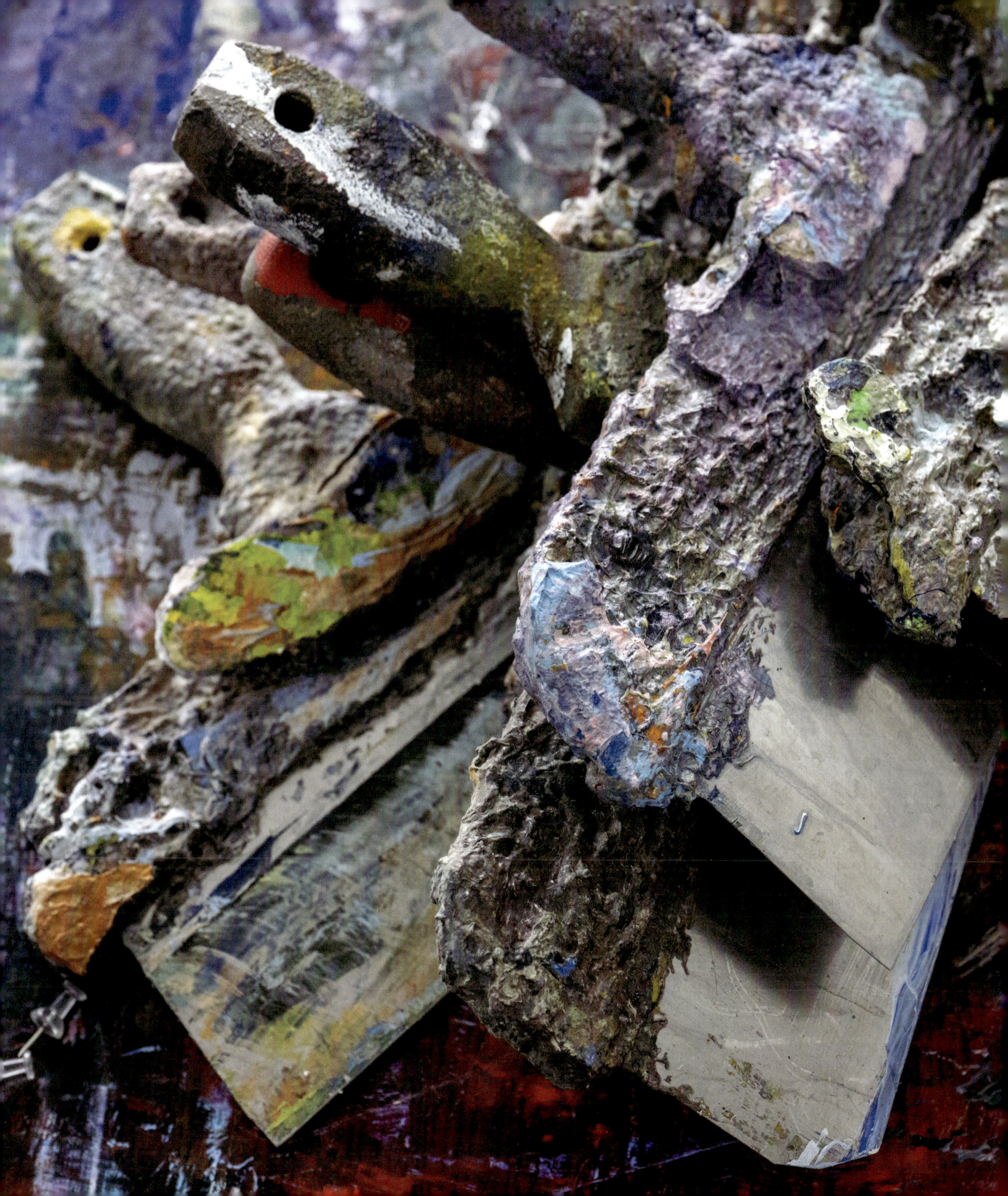

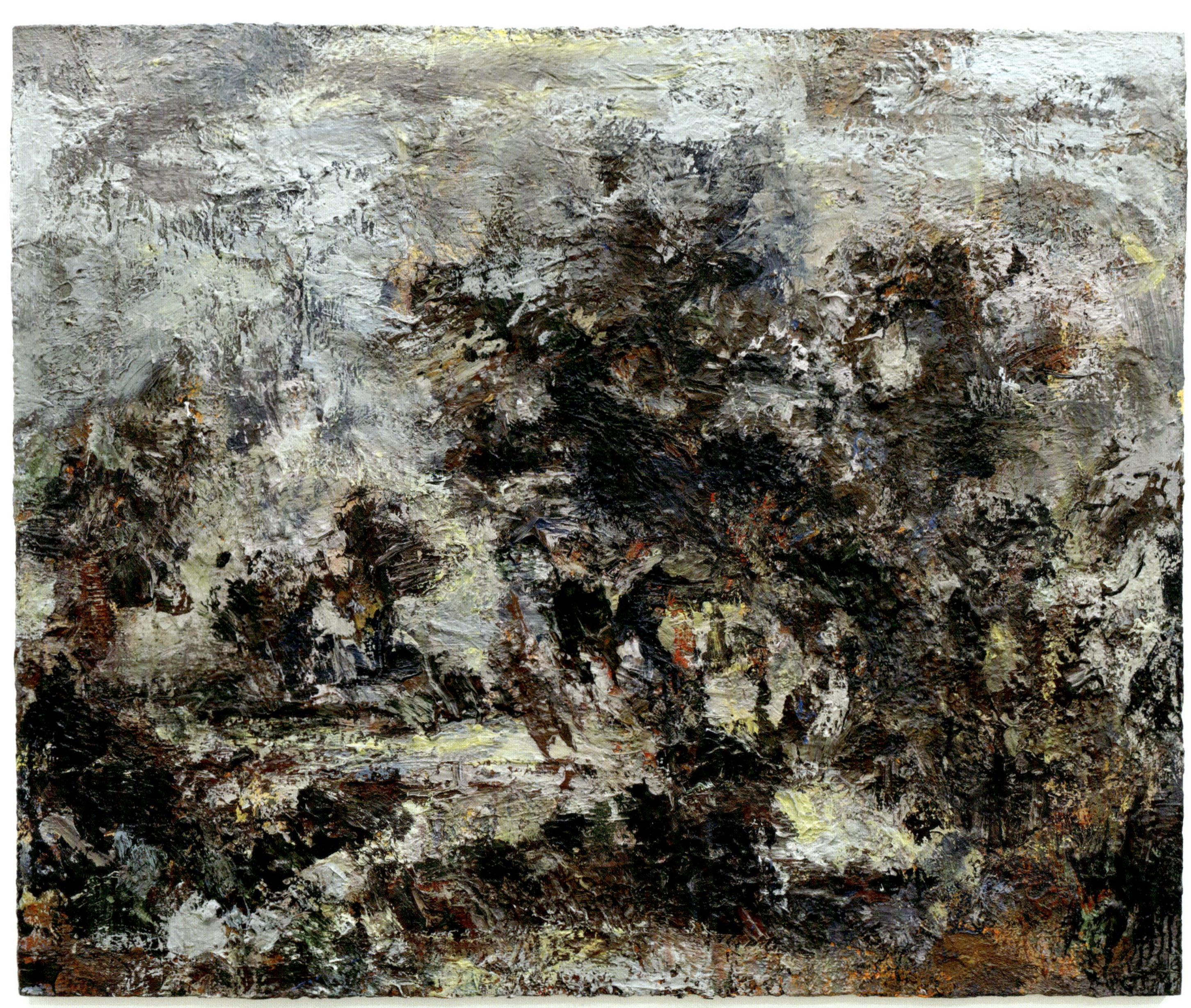

 Treading Water, Hobbema's Light, 1995

in lieu of payment, even though in those early days he needed the money.

Smith thinks of himself at work as a body making something that represents another body or physical entity. "When I'm painting it's such a physical activity, I'm mimicking through my own body what it's like to be a body in that other place," he says. "So there is the pretend space (the painted image) and the space of working (the material surface)." This duality bound up in Smith's visceral paint handling results in images that advance toward the spectator like sculptural low relief and address the spectator as a body from head to toe. Smith puts the spectator palpably at the scene. Rather than windows on the world, his paintings offer doorways. The materiality of the paint embodies the ephemeral image and implies the absent painter's representation through the impress of his touch recorded in the paint. The thick, heavy surfaces of Smith's earlier landscape paintings, such as *Treading Water, Hobbema's Light* (1995), embed time in the layers of paint as they visibly accumulate on the canvas and manifest time in the perceptual movement of images that collapse into and emerge from the paint's materiality. Painting's anatomy, which contains the visual history of its making, echoes the invisible layers of history inherent in the land that is the subject of the work.

Smith never approaches a canvas with an emptied mind. The references he gathers as he prepares to make a painting can veer in several directions. Along with the buckets of paintbrushes and the plasterer's knives in his studio, there is a laptop computer that he also employs as a tool. At landscape sites he is considering as subjects, he draws or paints on paper and takes photographs. He searches and downloads images of news photographs and historical paintings. He prints out his own photographs and photographs from the internet. He draws and paints on printouts, cuts them up, and collages them, and changes the colour palettes of his sketches in Photoshop. For the marine paintings he was

anxiété ni machisme. Lorsque Smith conclut sa première vente dans une galerie commerciale de Montréal en 1983, il accepte en guise de paiement une gravure en couleurs de Mitchell, *Sunflower 3* (1972), même si, comme tout artiste en début de carrière, il a besoin d'argent.

Au travail, Smith se voit comme un corps fabriquant quelque chose qui représente un autre corps ou un autre organisme physique. « Lorsque je peins, c'est une activité tellement physique que je reproduis à travers mon propre corps ce que c'est que d'être un corps dans cet autre endroit, explique-t-il. Il y a donc l'espace du simulacre (l'image peinte) et l'espace du travail (la surface matérielle). » Cette dualité, intimement liée par Smith à la manipulation viscérale de la peinture, se traduit par des œuvres qui avancent vers le spectateur comme des bas-reliefs sculptés et s'adressent à lui comme à un corps, de la tête aux pieds. Smith place le spectateur au cœur de la scène. Ses tableaux sont des portes ouvertes sur le monde plutôt que de simples fenêtres. La matérialité de la peinture incarne l'image éphémère et implique la représentation du peintre absent au moyen de l'empreinte de son geste dans la matière. Les surfaces épaisses et lourdes des premiers paysages peints par Smith, tels que *Treading Water, Hobbema's Light* (1995) incrustent le temps dans les couches de peinture qui s'accumulent visiblement sur la toile et expriment la temporalité dans la perception du mouvement des images qui se fondent dans la matérialité de la peinture puis en émergent. L'anatomie de la peinture, qui renferme l'histoire visuelle de sa fabrication, fait écho aux couches d'histoire invisibles inhérentes au territoire, qui est le sujet de l'œuvre.

Smith n'aborde jamais une toile l'esprit vide. Les références qu'il rassemble pour se préparer à peindre peuvent prendre plusieurs directions. Dans son atelier, outre les seaux de pinceaux et les spatules de plâtrier, se trouve un ordinateur portable – un autre outil de travail. Il se rend sur les sites qu'il envisage comme sujets de ses paysages, il les dessine ou les peint sur papier, puis prend des photographies. Il fait des recherches et télécharge des reproductions de tableaux anciens et des photos d'actualité. Il imprime ses propres photographies et en utilise provenant d'Internet. Il dessine et peint sur les impressions,

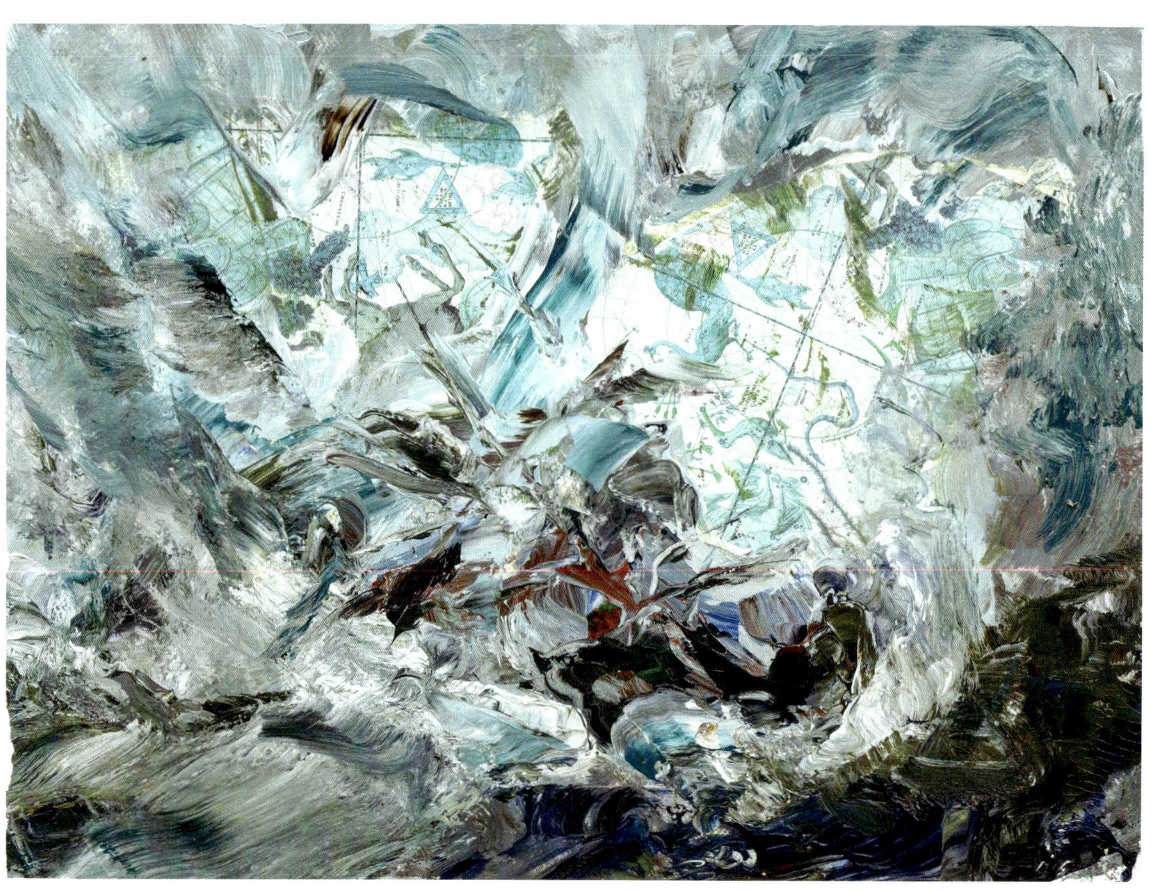

 Study with Constellations, 2024

working on last fall, he sought out, among other images, a seventeenth-century Dutch painting of a ship in distress on stormy seas and shot his own videos of ocean waves crashing onto Nova Scotia's rocky Atlantic coast. His memories of actual places and of other painters' renditions of places are a vital part of the mix.

"I usually seem to swing from looking out into the world and gleaning references from that experience," Smith says, "to going back into looking at memory and symbol, where the land becomes significant through what it can represent other than itself." He develops his themes through bodies of work — single trees, landscapes with trees and groves, open land, blazing forests, crater ponds, the ocean, ships beset at sea, destruction, the openings of underground caves, turbulent storm-ridden seas, Arctic ice — in which he will explore a subject, leave it, and perhaps return to it later with a different approach.

The tree motif appears throughout his work. In the late 1990s and 2010s, he references Constable in the way he builds compositions with masses of light and dark colour and in his ruddy palette. However, the first trees entirely based on observation and *plein-air* sketches, made in Montreal parks and Quebec's Eastern Townships, appear no earlier than 2021. Ships sighted on the horizon, rolling in heaving waves, engulfed in flames, battered by tumultuous seas, and hoisted and immobilized by ice, are maritime images that recur, after 2005, with increasing dramatic intensity. The vertical trees and the struggling ships — suggestive of the upright human figure and the human passage through life, filled with beauty and fraught with danger and violence — are present as metaphors in works with large themes.

les découpe, les assemble pour en faire des collages et modifie les palettes de couleurs de ses esquisses dans Photoshop. Pour les marines auxquelles il travaillait l'automne précédent, il a trouvé, entre autres images, une peinture hollandaise du XVIIe siècle représentant un navire en détresse sur une mer déchaînée et a tourné ses propres vidéos de vagues s'écrasant sur les rochers de la côte de la Nouvelle-Écosse. Ses souvenirs de sites réels et d'interprétations de lieux par d'autres peintres constituent un élément essentiel de cet amalgame.

« Il semble que j'oscille généralement entre l'observation du monde et la collecte de références tirées de cette expérience, explique Smith, et le retour à l'observation de la mémoire et du symbole, où la terre acquiert de l'importance à travers ce qu'elle peut représenter d'autre qu'elle-même. » Il développe ses thèmes dans des corpus d'œuvres – arbres isolés, paysages avec arbres et bosquets, vastes espaces, forêts flamboyantes, étangs de cratère, océan, navires malmenés par les vagues, destruction, entrées de grottes souterraines, mers agitées balayées par des tempêtes, glace arctique – dans lesquelles il explore un sujet, le quitte et y revient peut-être plus tard en adoptant une approche différente.

Le motif de l'arbre est récurrent dans toute l'œuvre de Smith. De la fin des années 1990 jusqu'aux années 2010, il évoque Constable dans sa façon de construire des compositions avec des masses de couleurs claires et foncées, et dans sa palette rougeoyante. Cependant, les premiers arbres entièrement basés sur l'observation et les croquis réalisés sur le motif dans les parcs de Montréal et des Cantons-de-l'Est, au Québec, n'apparaissent pas sur les tableaux avant 2021. Les navires aperçus à l'horizon, roulant sur des vagues déchaînées, engloutis dans les flammes, secoués par la mer tumultueuse, soulevés et immobilisés par les glaces, sont des images maritimes qui, après 2005, reviennent avec une intensité dramatique croissante. Les arbres et les navires en péril – qui évoquent l'être humain debout et son existence, remplie de beauté et parsemée de dangers et de violence – agissent comme métaphores dans des œuvres aux thèmes plus larges.

 (opposite | ci-contre) *Crossing* (detail | détail), 2019 (triptych | triptyque)

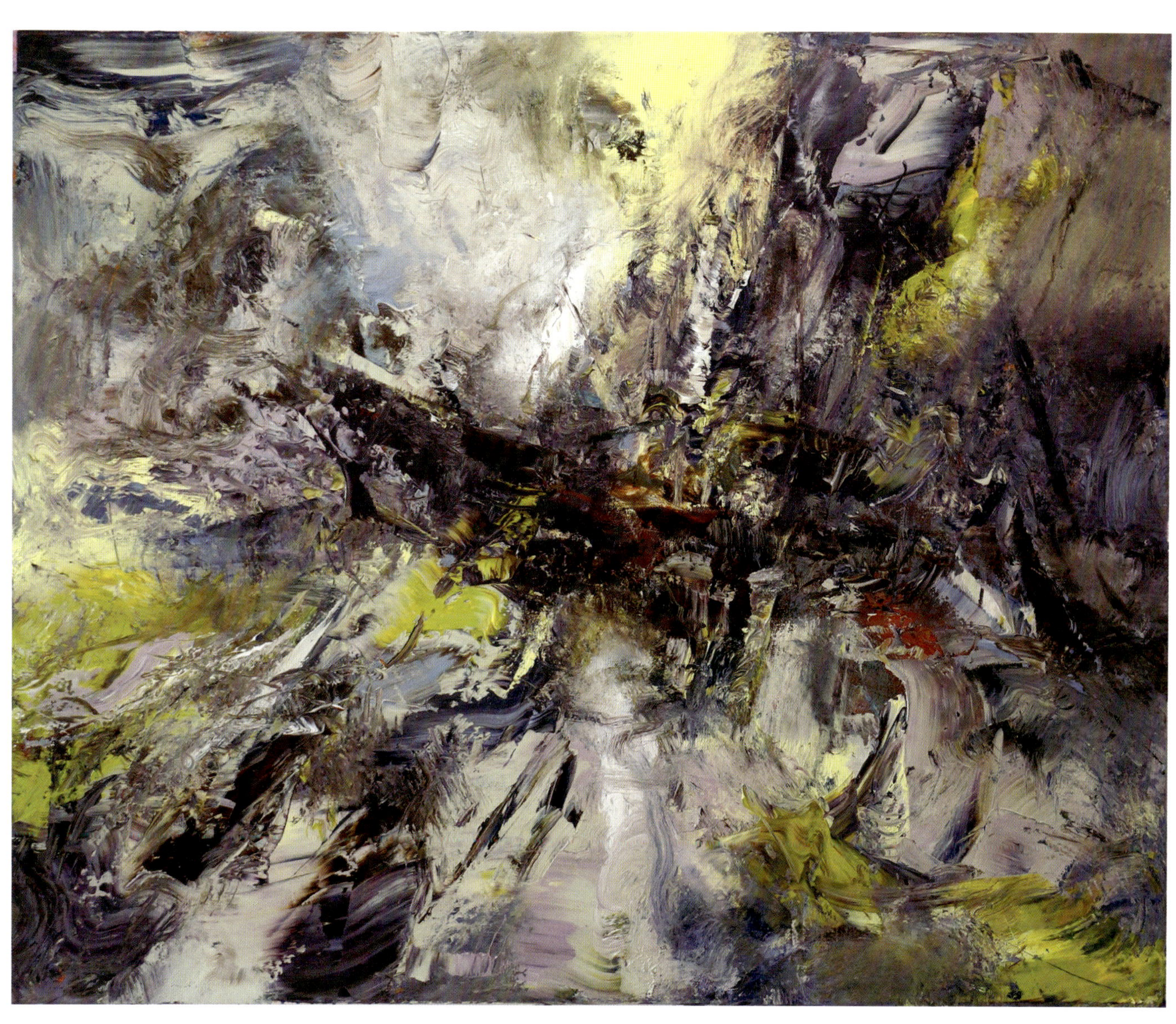

Moment of Silence, 2018

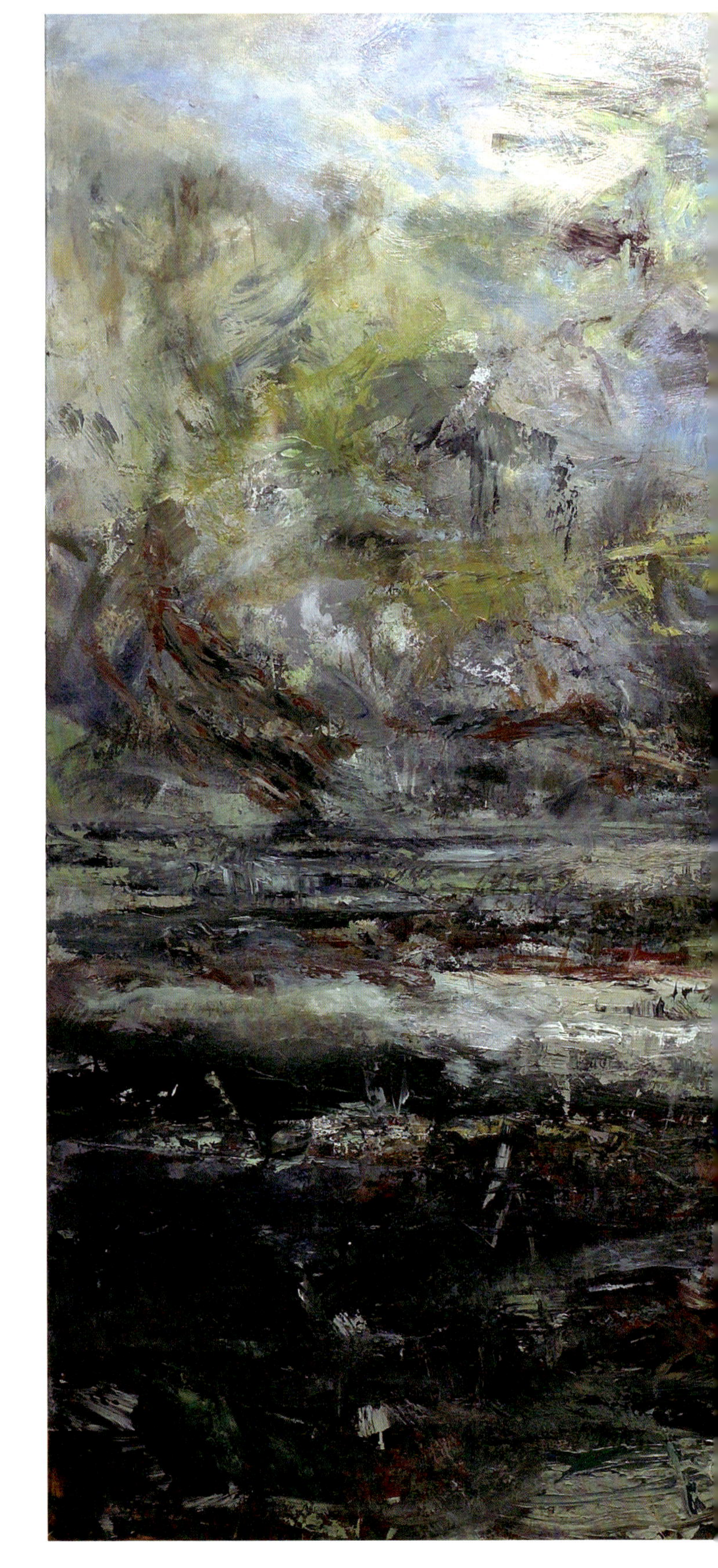

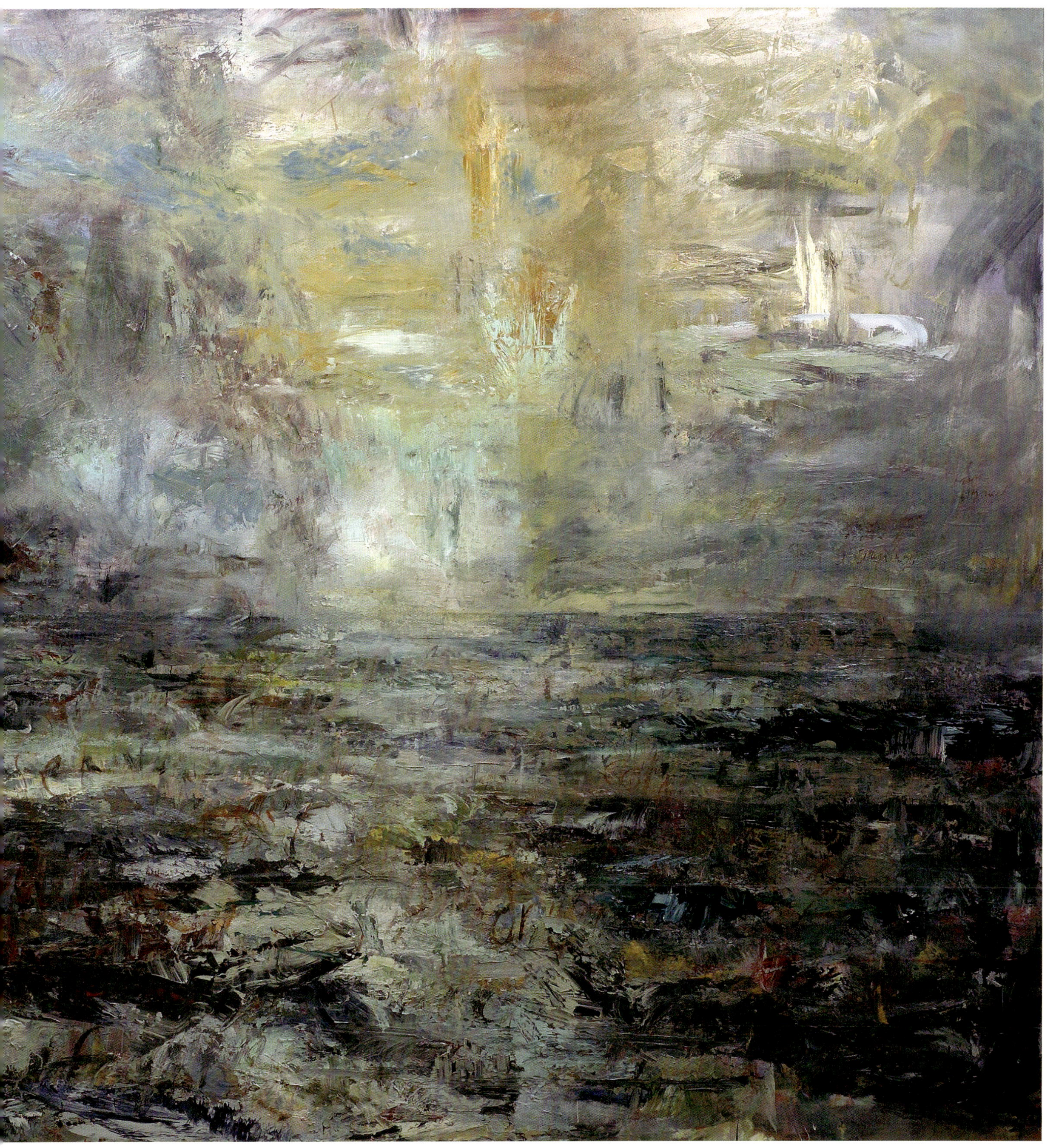

Cradle of Words, 2005

Poetic image cycles also occur among Smith's subjects. A series of landscape paintings with trees entitled *Hobbema's Light*, which Smith began in 1995 and revisited in 2001–2003, refers to the seventeenth-century Dutch painter's penchant for placing dark trees in the foreground of landscapes with pools of light in the middle ground and backgrounds of high-cloud, sun-filled skies. Two series of small, square monochromatic paintings entitled *Dedham* (2011) and *Acts* (2012) are Smith's improvisations on the relationship between painting and black-and-white photography. *Dedham* was inspired by monochromatic detail photographs of Constable's *The Vale of Dedham* (1828). The darkly atmospheric images in *Acts*, illuminated by fires and explosions, are derived from black-and-white photographs of places as they are being destroyed in wars of different eras. Smith called the exhibition in which these series were shown together *Paradise Lost*. Perhaps this title was a nod to his experience of the bucolic Walkern and the war-scarred London he knew while he was growing up. The title is also a broader acknowledgement of the lost ideal of a peaceful life in harmony with nature and the ongoing strife that disrupts an ever more complex contemporary world.

The inspiration for an earlier series of even smaller paintings, *Conspectus, overlie* (2006), which means summary or overview, came to Smith as he was cycling alongside the Lachine Canal. "I was thinking about how peripheral vision comes into play and I was intrigued by Turner's skies, how small drifts of citrus colour acted like commas enclosing the more central elements. So I wanted the peripheral to be there (in the paintings) to suggest an oval space." Constable's influence is also visible, he acknowledges, in the foreground "weeds, puddles and hedgerows" of the paintings. The impetus for the *Conspectus, overlie* series is one example of how the complex visual experiences of Smith's daily life meld with his memory of the visual experiences of historical paintings and culminate in his re-vision of the English

Des cycles d'images poétiques comptent également parmi les sujets de prédilection de Smith. Une série de paysages avec arbres intitulée *Hobbema's Light*, que Smith a commencée en 1995 et retravaillée de 2001 à 2003, rappelle le penchant du peintre néerlandais du XVIIe siècle Meindert Hobbema à disposer des arbres sombres au premier plan des paysages avec des flaques de lumière au deuxième plan et, à l'arrière-plan, des nuages hauts dans le ciel ensoleillé. Deux séries de petits tableaux carrés monochromes intitulés *Dedham* (2011) et *Acts* (2012) sont des improvisations de Smith sur la relation entre la peinture et la photographie en noir et blanc. Pour réaliser *Dedham*, Smith s'est inspiré de photographies de détails monochromes de *The Vale of Dedham* (1828) de Constable. Les images à l'atmosphère sombre de *Acts*, illuminées par des incendies et des explosions, sont dérivées de photographies en noir et blanc de lieux subissant la destruction lors de guerres à différentes époques. Ces séries ont été montrées ensemble lors d'une exposition que Smith a baptisée *Paradise Lost*, probablement un clin d'œil à son souvenir du village bucolique de Walkern et de la ville de Londres marquée par la guerre où il a grandi. Le titre évoque également, de manière plus générale, l'idéal perdu d'une vie paisible en harmonie avec la nature et des conflits permanents qui perturbent un monde contemporain de plus en plus complexe.

Smith a eu l'inspiration d'une série antérieure de tableaux encore plus petits, *Conspectus, overlie* (2006), qui signifie « résumé » ou « vue d'ensemble », alors qu'il faisait du vélo le long du canal Lachine, à Montréal. « Je pensais à la façon dont la vision périphérique intervient et j'étais intrigué par les ciels de Turner, par la façon dont les petits traits aux couleurs d'agrumes enfermaient les éléments plus centraux comme des virgules. Je voulais donc que la périphérie soit présente [dans les tableaux] pour évoquer un espace ovale. » L'influence de Constable est également visible, admet-il, dans les « mauvaises herbes, les flaques d'eau et les haies » au premier plan. L'impulsion donnée à la série *Conspectus, overlie* est un exemple de la manière dont les expériences visuelles complexes du quotidien de Smith se mêlent à ses souvenirs de tableaux anciens et culminent dans

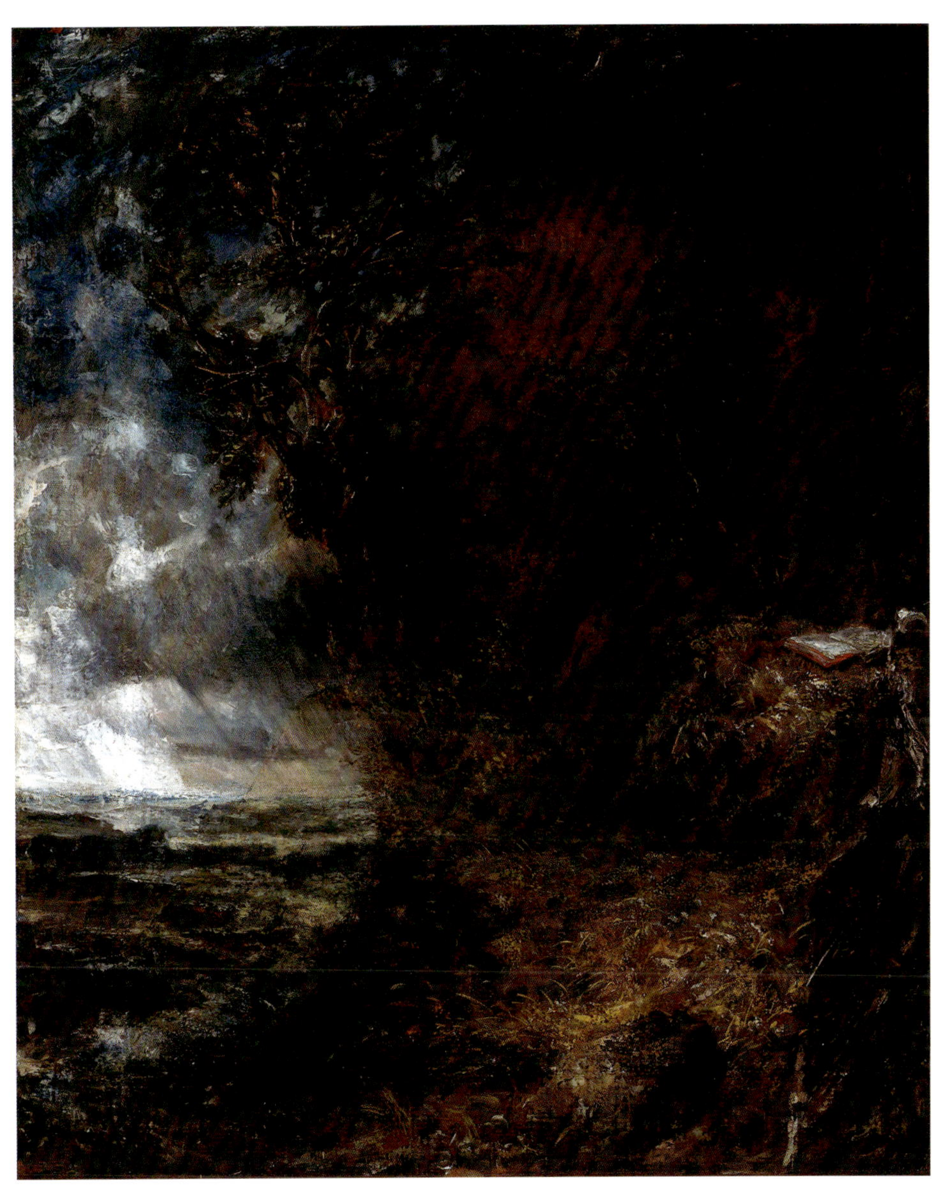

JOHN CONSTABLE
Scene of Woods and Water, c.|v. 1830

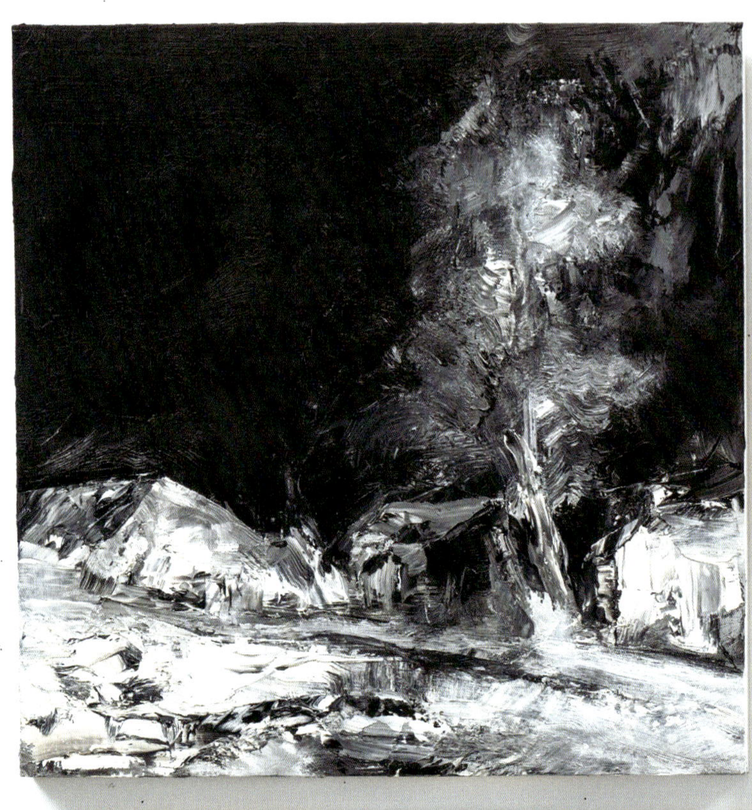

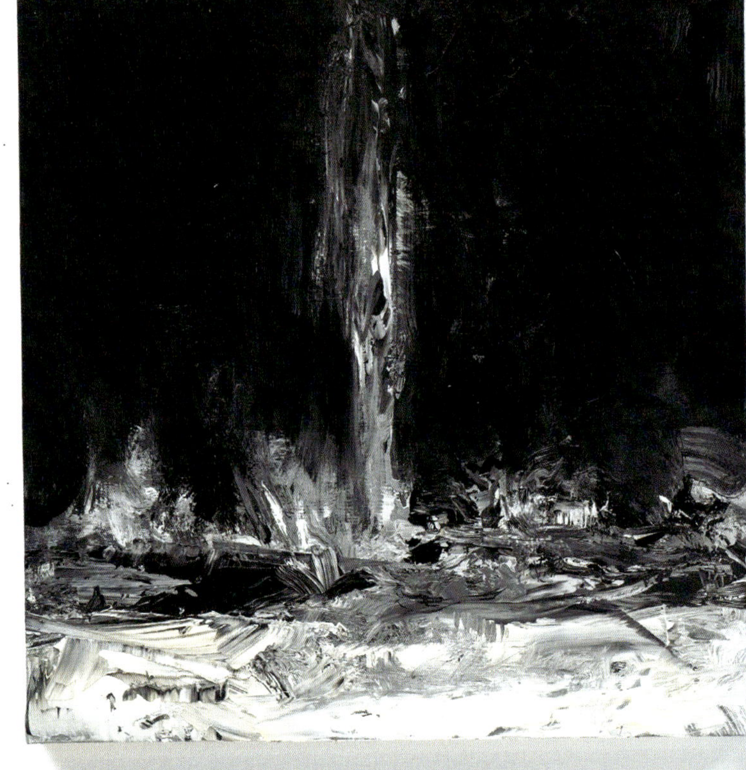

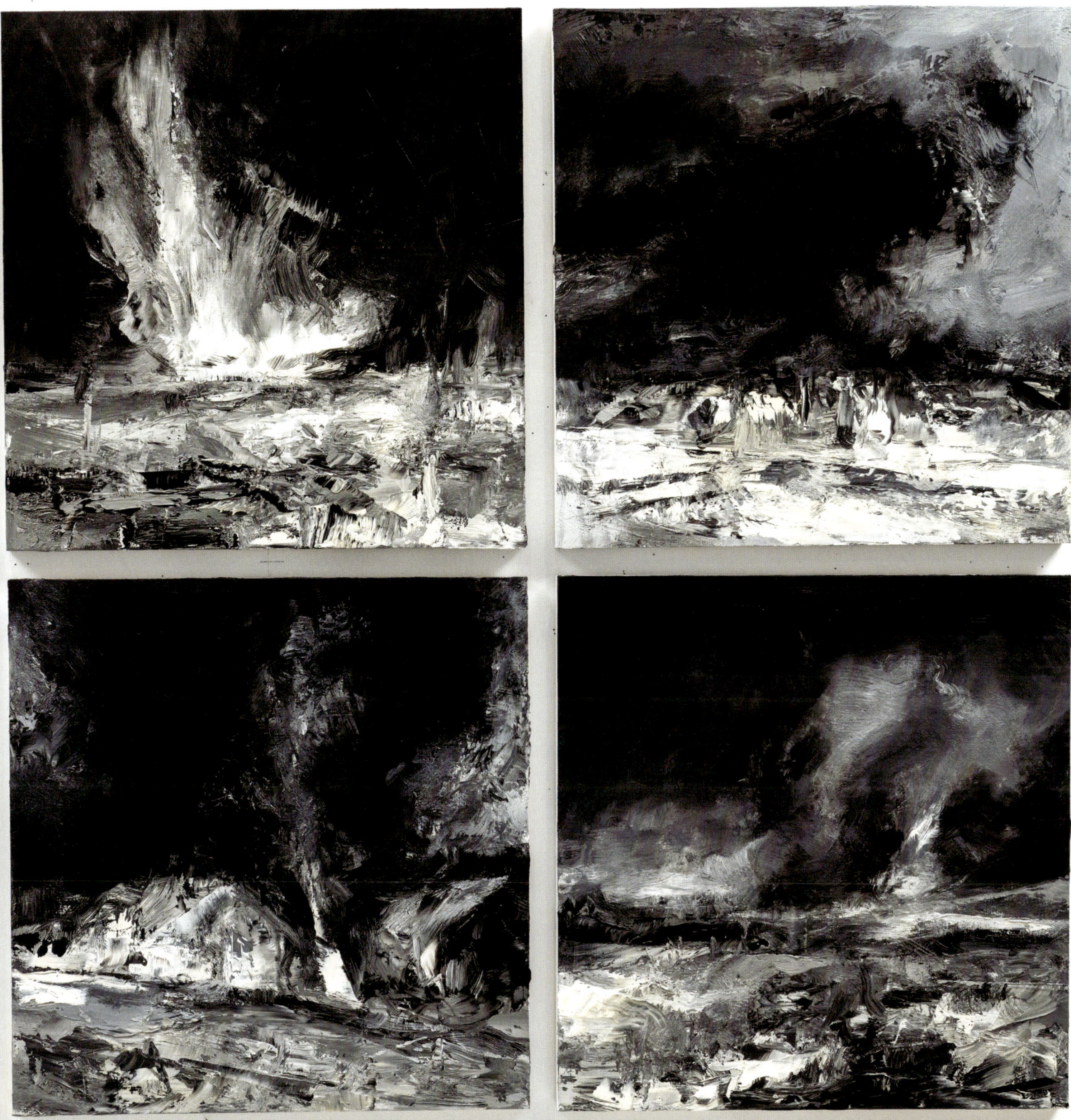

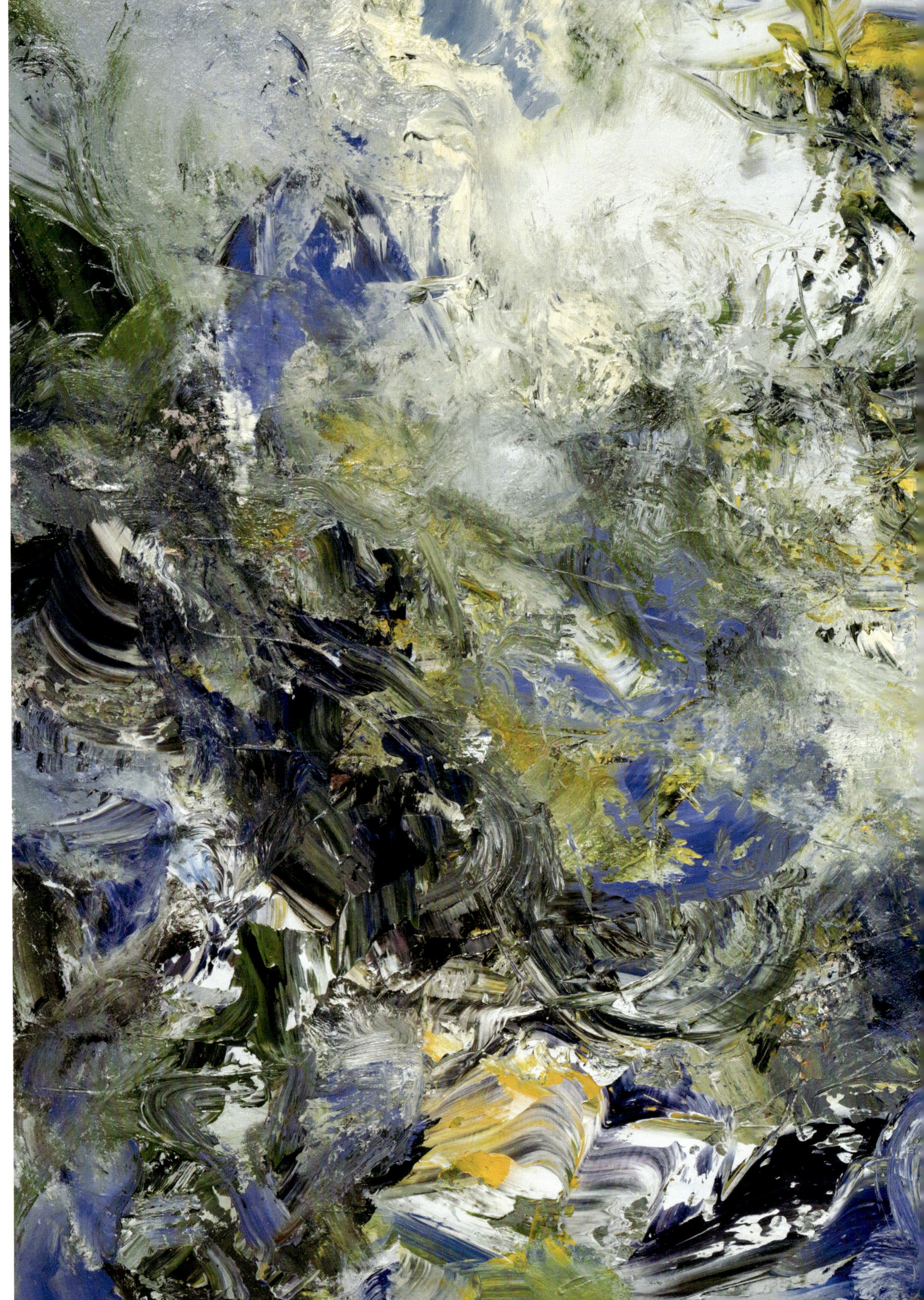

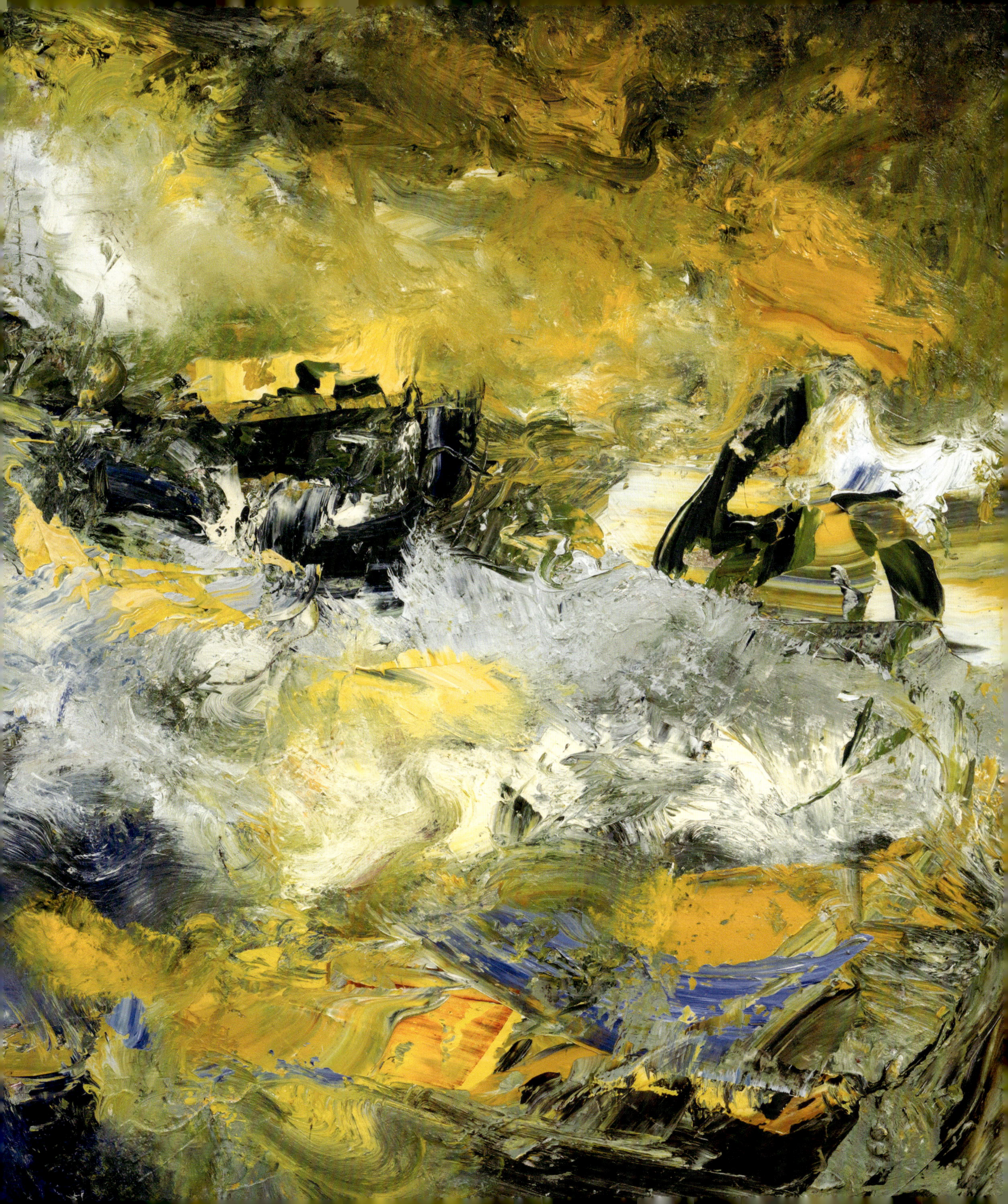

(preceding page | page précédente)
Atlantic, 2018

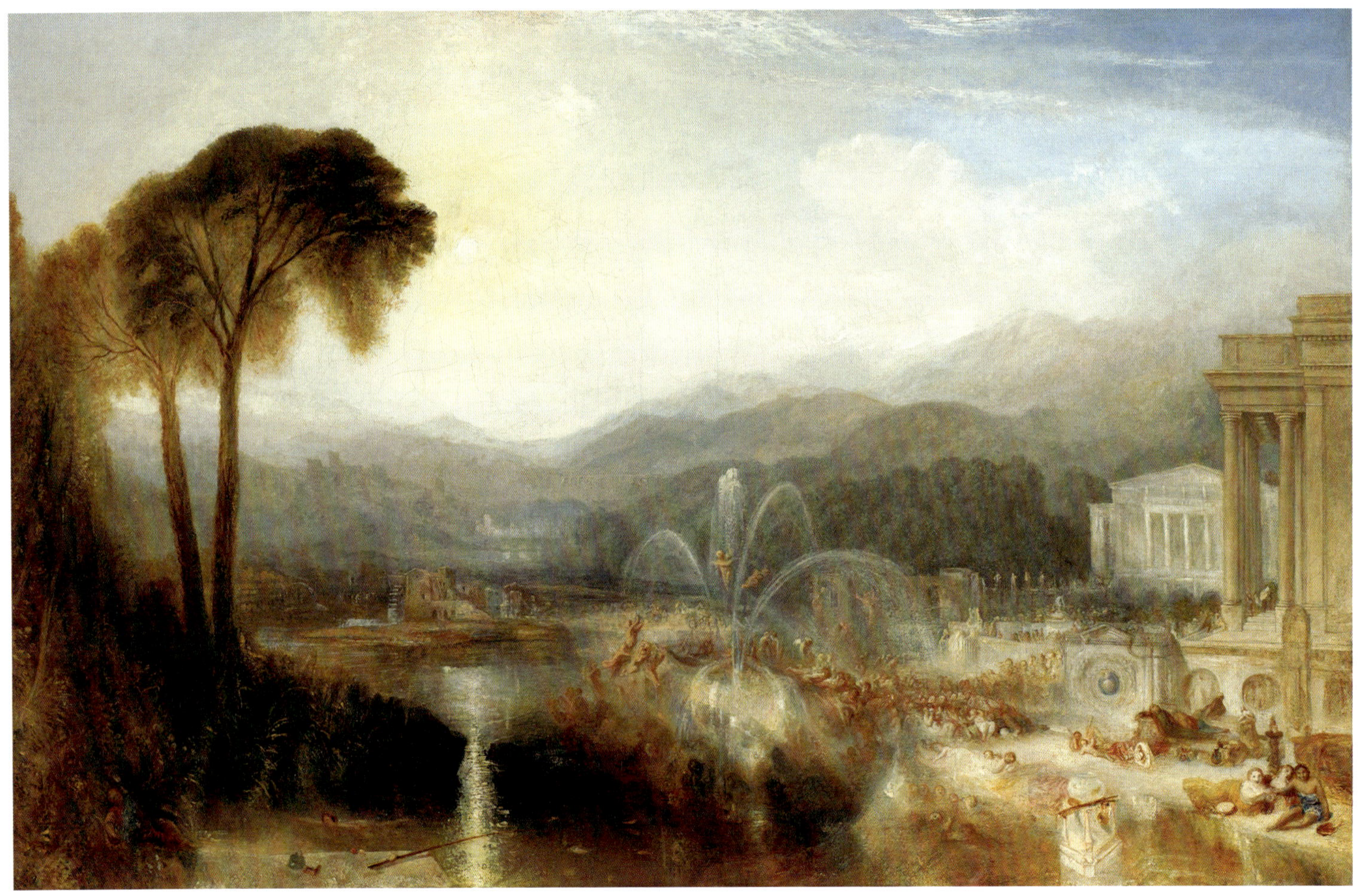

J.M.W. TURNER
The Fountain of Indolence, 1834

landscape. The act of painting for Smith, in addition to the material and performative processes at work, interweaves the acts of perceiving, remembering, imagining, and recreating.

A list of the historical and modern painters that Smith acknowledges as resources would be long and diverse. Somewhat surprisingly, it would include the early Italian Renaissance master Andrea Mantegna and the seventeenth-century Dutch painter of interiors Pieter de Hooch. Smith looked to Mantegna when, around 2015, he shifted his focus slightly away from the most powerful references of past years. Mantegna showed him "what it meant to make marks that were abstract in the making yet would return to the viewer a potential construction of something seen in the world." Smith studied de Hooch for his architectural construction of intimate spaces. But Smith's regard for Turner and Constable as seminal resources has not abated.

Turner, whose maritime paintings made up more than half of his output, offered references for Smith's dramatic maritime paintings, just as the seventeenth-century Dutch artists Jacob van Ruisdael and Willem van der Velde and the French eighteenth-century painter Claude-Joseph Vernet had done for Turner. Spray, spume, and roiling water; cresting, crashing waves and deep troughs; indistinct masts and the prows of ships and their rolling hulls; wartime explosions and fires; bobbing debris; and wind-whipped clouds in storm-laden skies constitute their shared imagery.

Turner updated the sublime by grounding his paintings in his own time with steamships (industrialization), battleships (the Napoleonic Wars), and slavers (the slave trade). Smith's contemporary references are battleships, pirated vessels and boats overloaded with immigrants. He approaches the sublime but does not embrace it. He addresses the body, preferring instead of the ideal the physical actuality of painting-as-event to give his spectators a visceral, metaphorical, and experiential

sa nouvelle vision du paysage anglais. Pour Smith, le geste de peindre entremêle les actes de la perception, de la mémoire, de l'imagination et de la re-création, en plus des processus propres aux matières et à l'exécution de l'œuvre.

La liste des peintres d'autrefois et d'aujourd'hui dont Smith admet s'inspirer serait longue et variée. De manière quelque peu surprenante, elle inclurait Andrea Mantegna, un maître de la première Renaissance italienne, et le Néerlandais Pieter de Hooch, un peintre d'intérieur du XVIIe siècle. Michael Smith s'est tourné vers Mantegna lorsque, vers 2015, il a pris un peu de recul des références les plus fortes des années précédentes. Mantegna lui a montré « ce que cela signifiait de faire des marques qui étaient abstraites au moment de la création, mais qui renverraient au spectateur l'éventuelle construction d'une chose vue dans le monde ». Smith a étudié comment de Hooch construit architecturalement des espaces intimes, mais son respect pour Turner et Constable comme références fondamentales ne se dément pas.

Turner, dont les marines constituent plus de la moitié de sa production, est une source d'inspiration importante pour les paysages maritimes dramatiques de Smith, tout comme les artistes néerlandais du XVIIe siècle Jacob van Ruisdael et Willem van de Velde, et le peintre français du XVIIIe siècle Claude Joseph Vernet l'étaient pour Turner. Les embruns, l'écume de mer et la houle ; les crêtes et les creux des vagues déferlantes ; les mâts indistincts des navires, leurs proues et leurs coques roulant sur l'océan ; les explosions et les incendies en temps de guerre ; les débris flottant à la surface ; les nuages fouettés par le vent dans un ciel chargé d'orage constituent leur imagerie commune.

Turner a actualisé le sublime en ancrant ses tableaux dans son époque par la représentation de navires à vapeur (rappelant l'industrialisation), de frégates (guerres napoléoniennes) et de navires esclavagistes (traite des esclaves). Les références contemporaines de Smith sont les cuirassés, les navires pirates et les bateaux surchargés d'immigrants. Il aborde le sublime, mais ne l'adopte pas. Smith traite du corps, préférant la réalité matérielle de la « peinture comme événement » à l'idéal, pour permettre à ses spectateurs de faire une rencontre viscérale,

encounter with the force of water and life, which water symbolizes. His maritime paintings, especially those of 2018–2023, heighten the immediacy that is characteristic of his work. As in his landscapes, the marine paintings position the spectator at the scene, as if afloat on the water, witnessing conflict and distress, and in danger of being engulfed. A spectator might experience a twinge of nineteenth-century terror and awe, but not without deeper sensations of twenty-first-century fear, anxiety, and danger.

Powerful paintings such as *The Work of Water* (2019) and *Perennial Drift* (2019) show Smith's development of a more diverse range of mark-making, which he had begun a few years earlier in paintings of the Quebec landscape. These, combined with stepped compositional elements, give incident and structure to formless liquid. The waves are paradoxically solid and fluid, moving and still. In his paintings of the mid-1990s and into the 2010s, Smith built compositions in heavy impasto with colour and massed darks and lights. An all-over distribution of white throughout landscapes, like those in the *Hobbema's Light* series, recalls the sparkle of Constable's works of the 1830s. In Smith's recent paintings, such as *Entangled Ground* (2021), patches of pale blue pervade a surface filled with myriad small individual abstract marks of various shapes that coalesce into images at one moment and fall apart the next. He investigates how vision works with the brain and reminds us that everything we see is actually an interpretation of what is in front of us.

Whether or not Smith depicts an actual place, or, as in most of his work, an imagined one, he conveys a sense of continuity within the perpetual transformation that landscape/seascape sustains as a subject for painting. The opposing forces that exist side by side in his body of work are part and parcel of his acknowledgement of his long artistic lineage. His subjects are traditional and time-honoured; his approach to painting is innovative and expansive. In one sense Smith is making art about

métaphorique et expérientielle avec la puissance de la vie, symbolisée par l'eau. Ses marines, en particulier celles réalisées entre 2018 et 2023, portent à son paroxysme l'immédiateté qui caractérise son travail. Comme pour ses paysages, ces œuvres transportent le spectateur au cœur de la scène, en faisant de celui-ci le témoin d'un conflit et d'une détresse, comme s'il flottait sur l'eau et risquait d'être englouti. Le regardeur peut ressentir un soupçon de terreur et d'effroi dignes du XIXe siècle, mais non sans éprouver des sentiments plus profonds de peur, d'anxiété et de danger propres au XXIe siècle.

Des tableaux puissants tels que *The Work of Water* (2019) et *Perennial Drift* (2019) montrent comment Smith développe son vocabulaire de marquage, un processus qu'il avait entrepris quelques années plus tôt dans ses paysages du Québec. Ses marques, combinées à la superposition d'éléments de composition, confèrent du volume et une structure à un liquide informe. Paradoxalement, les vagues sont à la fois solides et fluides, en mouvement et immobiles. Dans ses tableaux peints entre le milieu des années 1990 et les années 2010, Smith construit des compositions aux empâtements lourds au moyen de couleurs et de masses sombres et lumineuses. L'omniprésence du blanc dans les paysages, comme ceux de la série *Hobbema's Light*, rappelle l'éclat des œuvres de Constable des années 1830. Dans les œuvres récentes de Smith, comme *Entangled Ground* (2021), des taches de bleu pâle se répandent sur une surface couverte d'une multitude de petites marques abstraites isolées, de formes diverses, qui se fondent en images à un moment donné et se désagrègent l'instant d'après. Smith analyse le fonctionnement du sens de la vue avec le cerveau et nous rappelle que tout ce que nous voyons est en fait une interprétation de ce qui se trouve devant nous.

Que Smith dépeigne un lieu réel ou, comme dans la plupart de ses œuvres, un lieu imaginé, il transmet un sens de continuité dans la transformation perpétuelle que subissent les paysages terrestres et marins en tant que sujets de peinture. Les forces opposées qui coexistent dans son œuvre font partie intégrante de la reconnaissance de son long héritage artistique. Ses sujets sont traditionnels et s'inscrivent dans le temps tandis que son

art, paintings that are about painting. Michael Smith's dialogue with process and materials, art history, and the present day situates him within the continuous history of a renewable art form. The perennial through-line is painting's ability to illuminate, enlighten, and restore.

approche de la peinture est innovante et expansive. Dans un sens, Smith fait de l'art qui traite d'art, des tableaux qui parlent de peinture. Le dialogue de Michael Smith avec le processus et les matériaux, l'histoire de l'art et le présent le situe dans le continuum historique d'une forme artistique renouvelable. Le fil conducteur permanent est la capacité de la peinture à éclairer, à illuminer et à réparer.

Notes

1 Roger Shattuck, "Approaching the Abyss: Monet's Era," *Artforum*, March 1982, accessed October 27, 2023, artforum.com/features/approaching-the-abyss-monets-era-208390/.

2 Harold Rosenberg, "The American Action Painters," *Art News*, December 1952: 22–23, 48–50.

3 Amy Sillman, "AbEx and Disco Balls: In Defense of Abstract Expressionism II," in *Amy Sillman Faux Pas: Selected Writing and Drawings* (Paris: After 8 Books, 2022), 135.

4 Amy Sillman, "Further Notes on Shape," *The O-G* 14 (Spring 2020): 4, accessed November 6, 2023, amysillman.com/wp-content/uploads/2020/12/OG14_MoMA.pdf.

5 This and all other quotations attributed to Michael Smith are taken from communications between the artist and the author.

6 Christopher Benfey, "Constable's Quiet Tumult," *New York Review of Books*, October 25, 2023, 26. Cove was referring to late Constable paintings known as "the six-footers," a series of six landscape scenes on the River Stour painted in 1819–25.

Notes

1 Roger Shattuck, « Approaching the Abyss: Monet's Era », *Artforum*, mars 1982, consulté le 27 octobre 2023, www.artforum.com/features/approaching-the-abyss-monets-era-208390/ [traduction libre].

2 Harold Rosenberg, « Chapitre II, Les peintres d'action américains » dans *La tradition du nouveau*, traduit de l'américain par Anne Marchand, Paris, Les éditions de Minuit, 1962, p. 25.

3 Amy Sillman, « AbEx and Disco Balls: In Defense of Abstract Expressionism II », dans *Amy Sillman Faux Pas: Selected Writings and Drawings*, Paris, After 8 Books, 2022, p. 135 [traduction libre].

4 Amy Sillman, « Further Notes on Shape », *The O-G*, no 14, printemps 2020, p. 4, consulté le 1er février 2024, www.amysillman.com/wp-content/uploads/2020/12/OG14_MoMA.pdf [traduction libre].

5 Cette citation et toutes les autres attribuées à Michael Smith sont tirées de communications entre l'artiste et l'auteur.

6 Christopher Benfey, « Constable's Quiet Tumult », *New York Review of Books*, le 25 octobre 2023, p. 26 [traduction libre]. Cove faisait référence aux œuvres tardives de Constable connues sous le nom de *The six-footers* (les œuvres de six pieds), une série de six paysages peints aux abords de la rivière Stour entre 1819 et 1825.

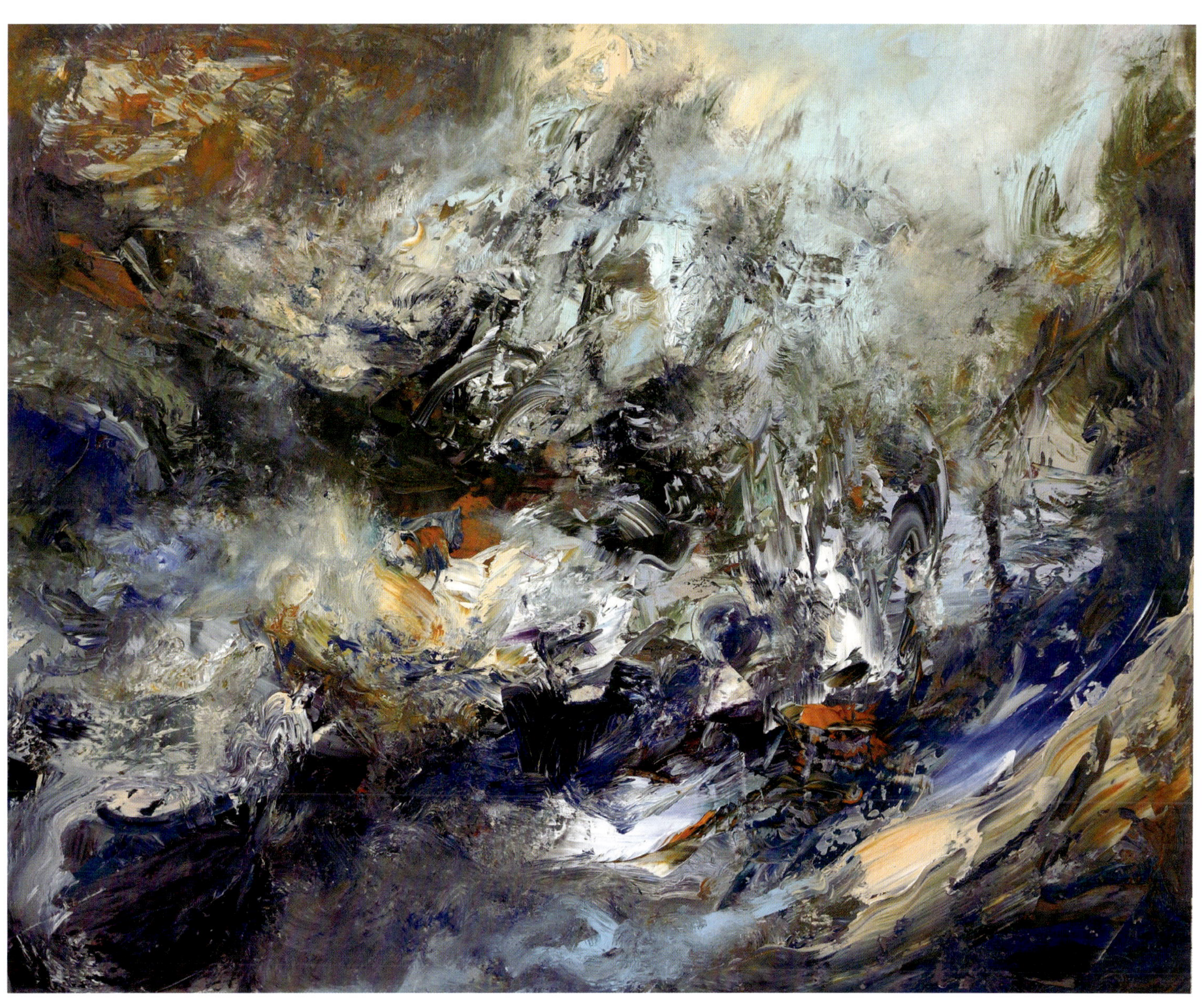

Rogue, 2018

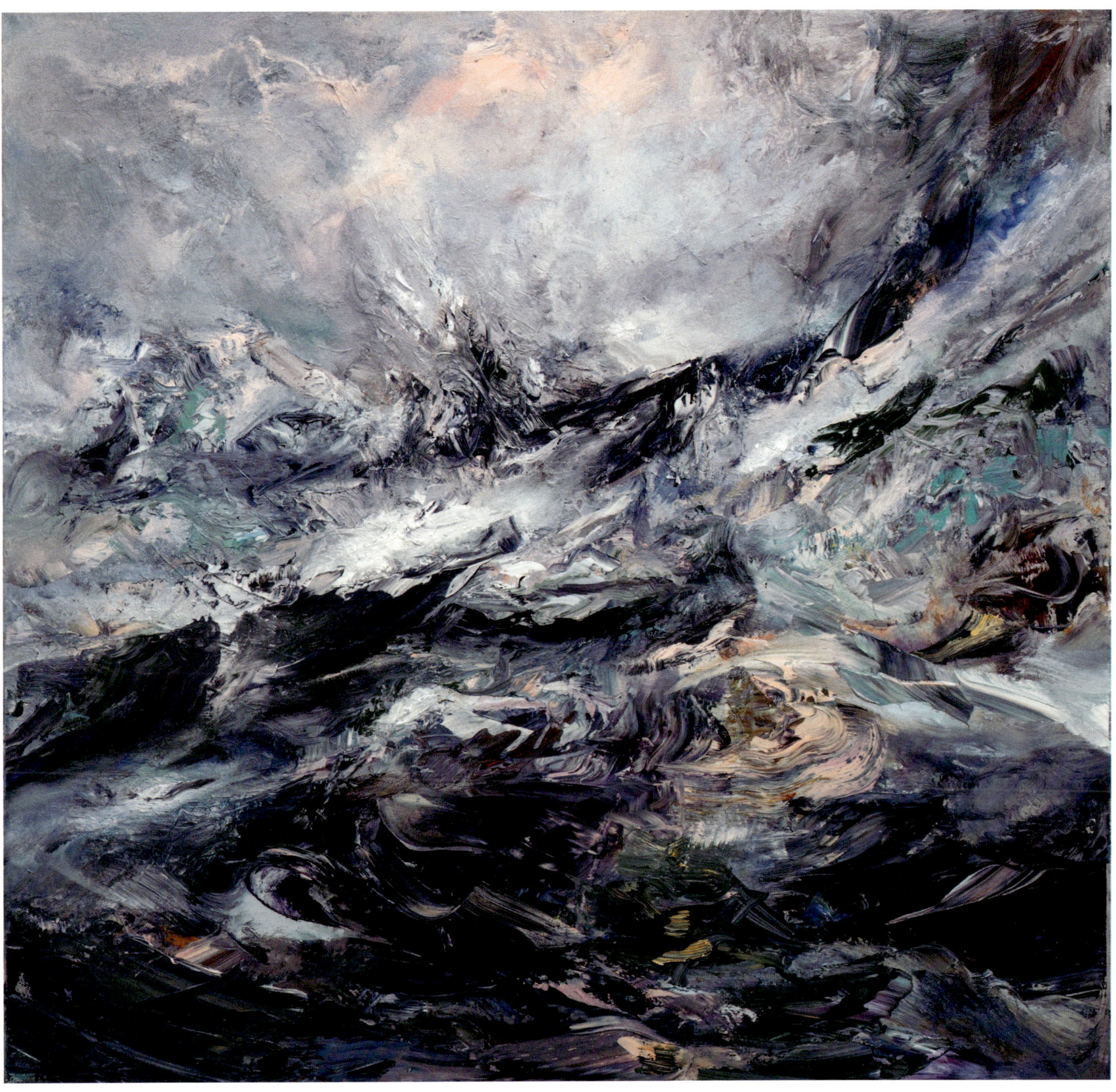

Slipstream, 2024

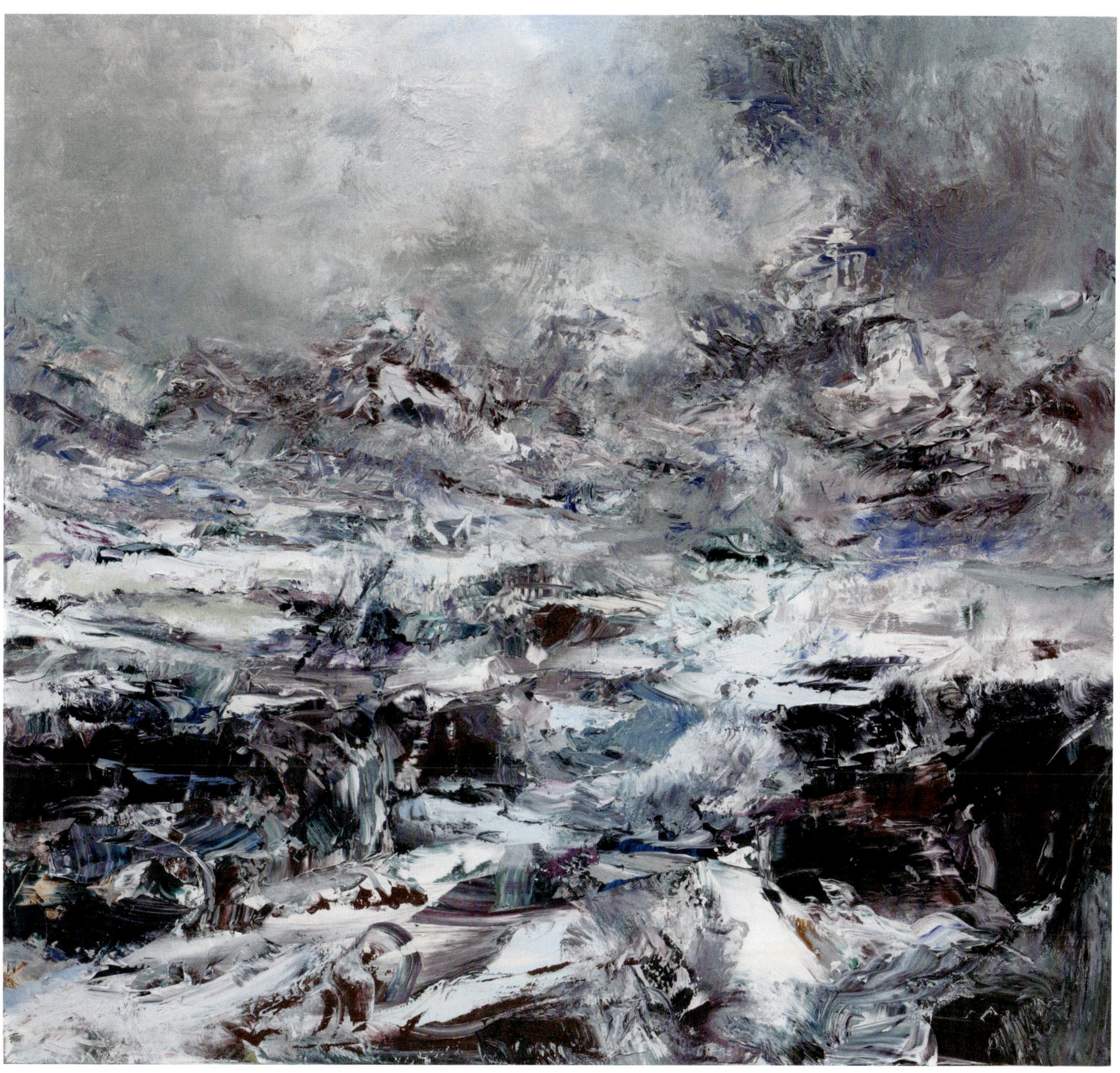

The Work of Water, 2019

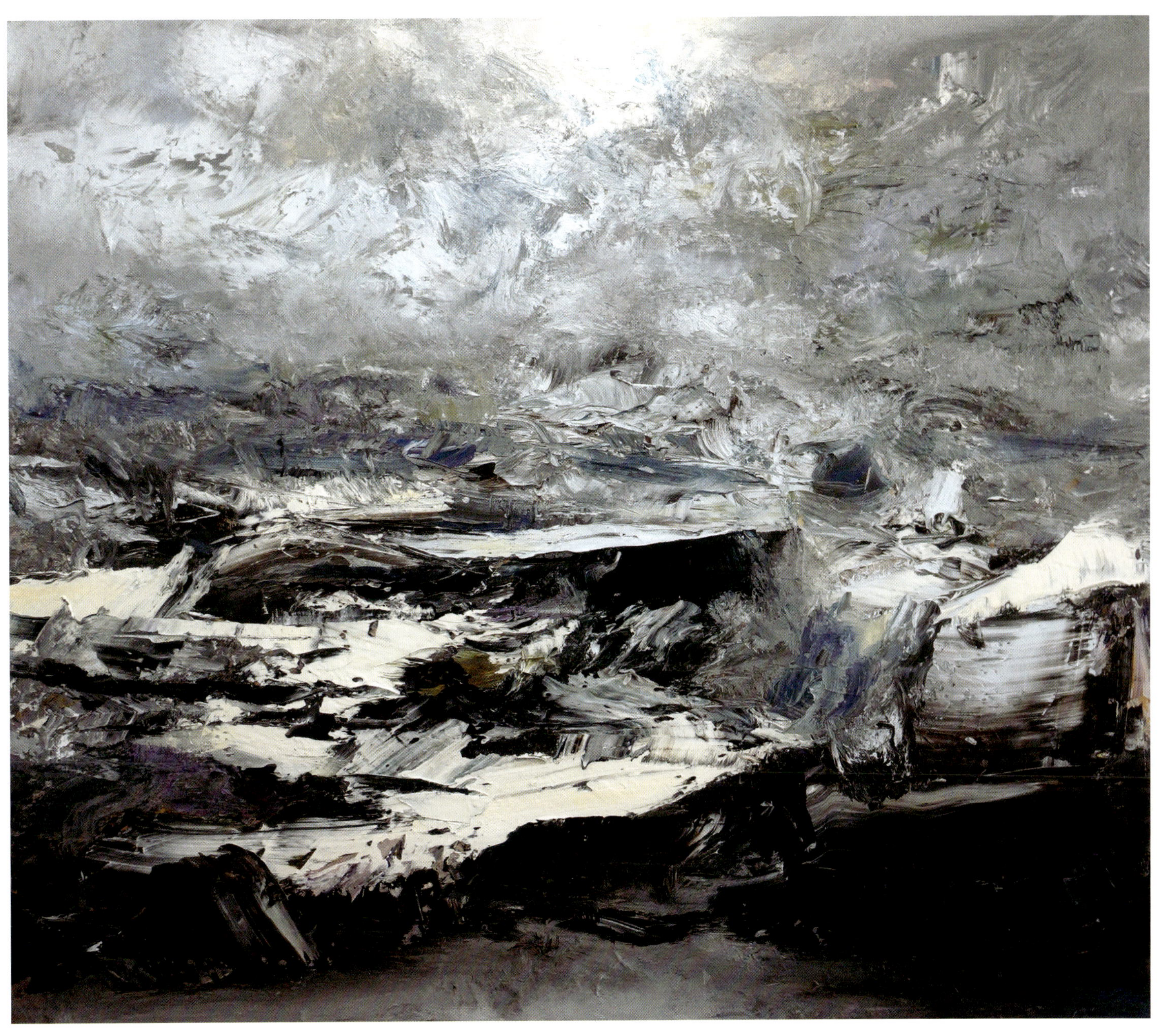

Perennial Drift, 2019

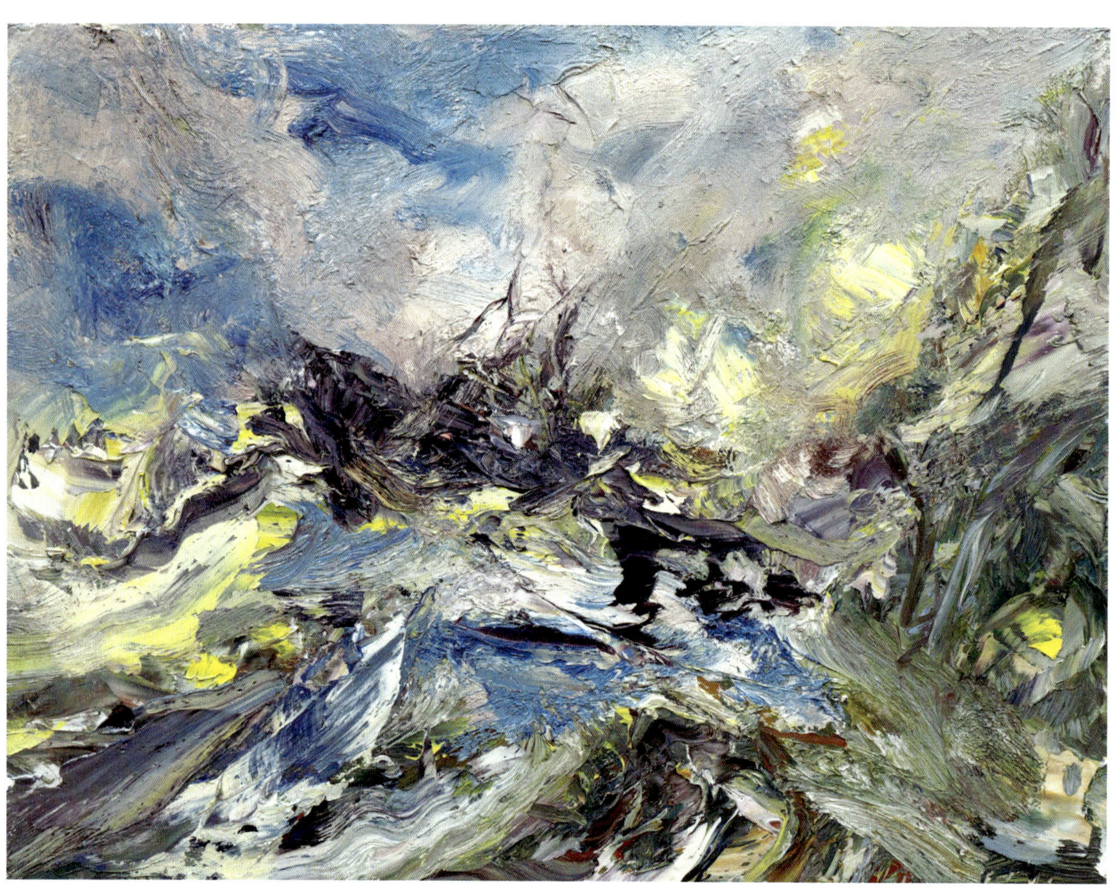

56 *Navigator Series (Portland)*, 2024

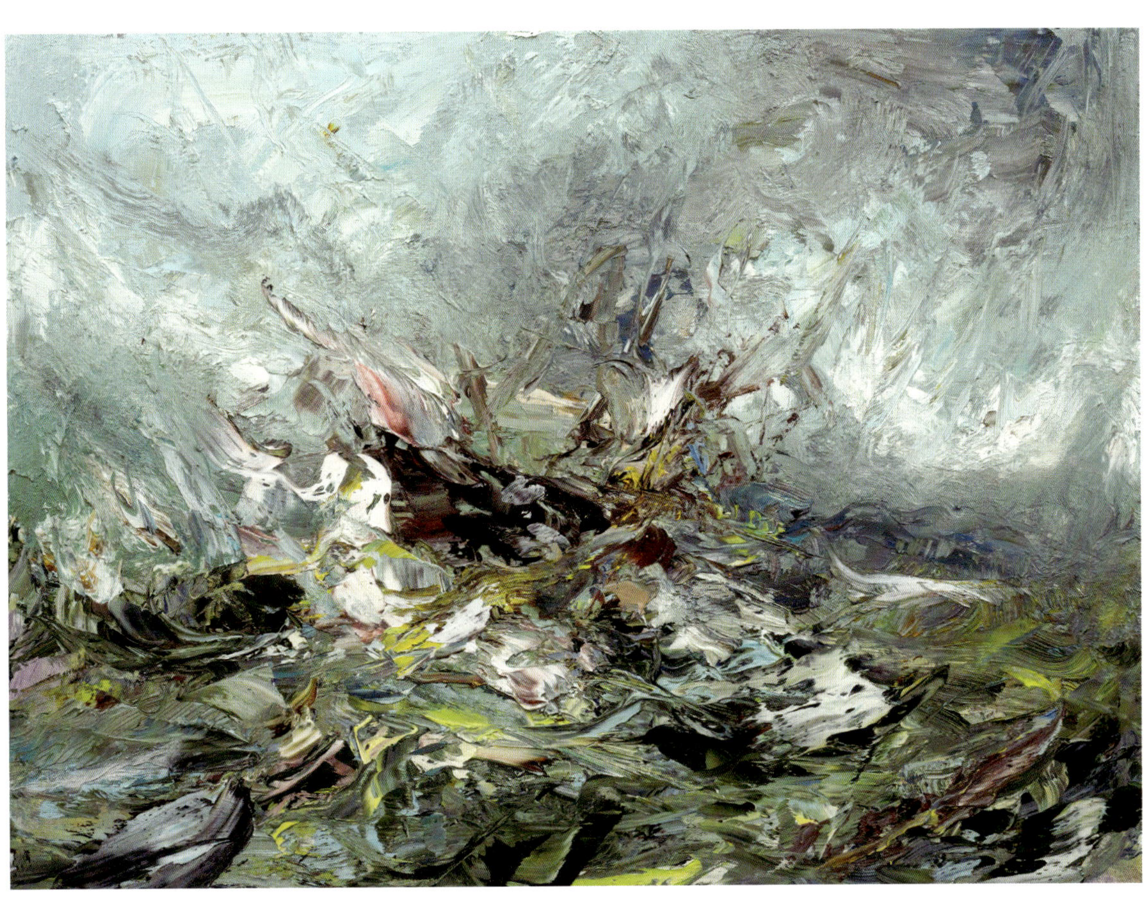

Navigator Series (Sole), 2024

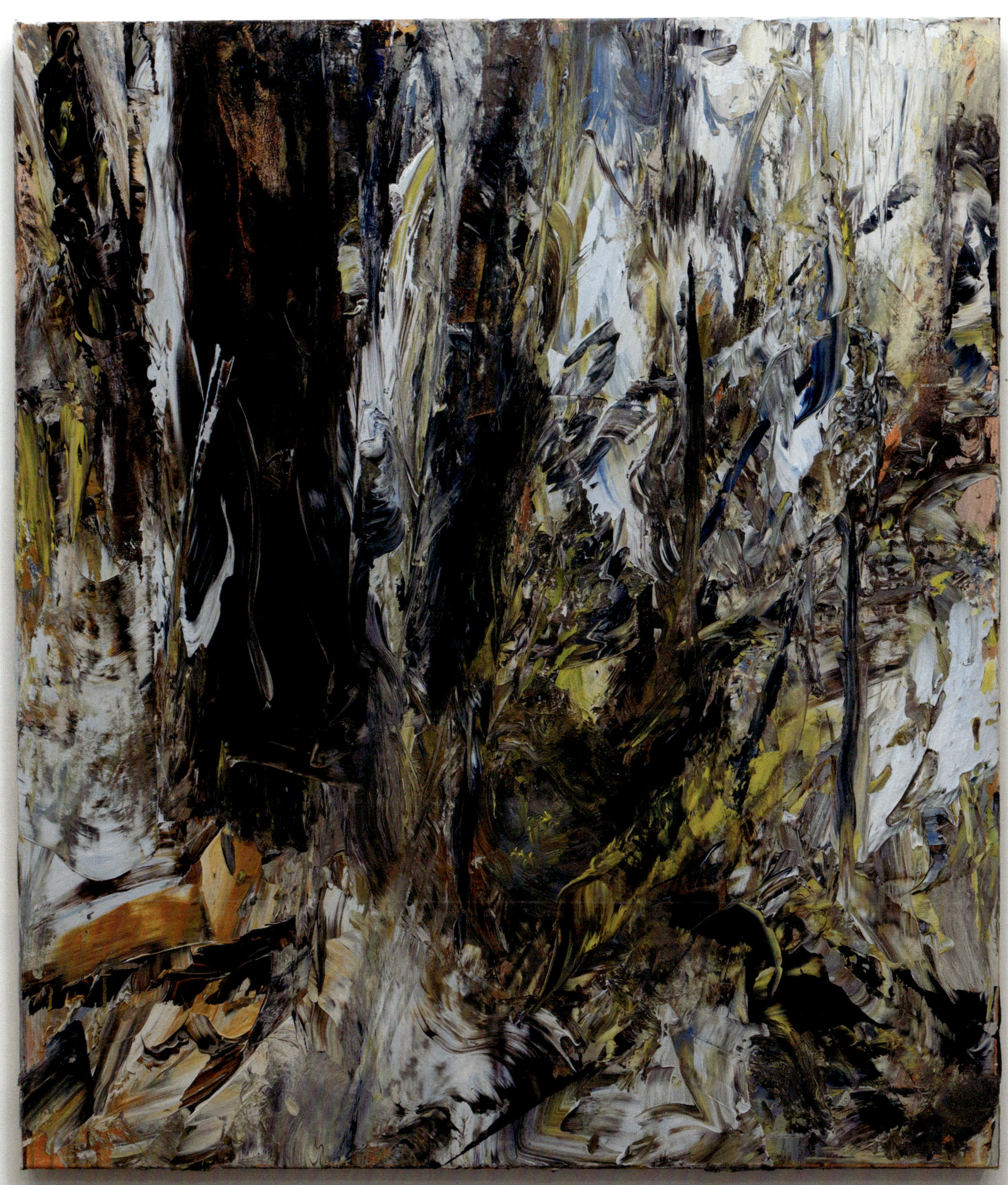

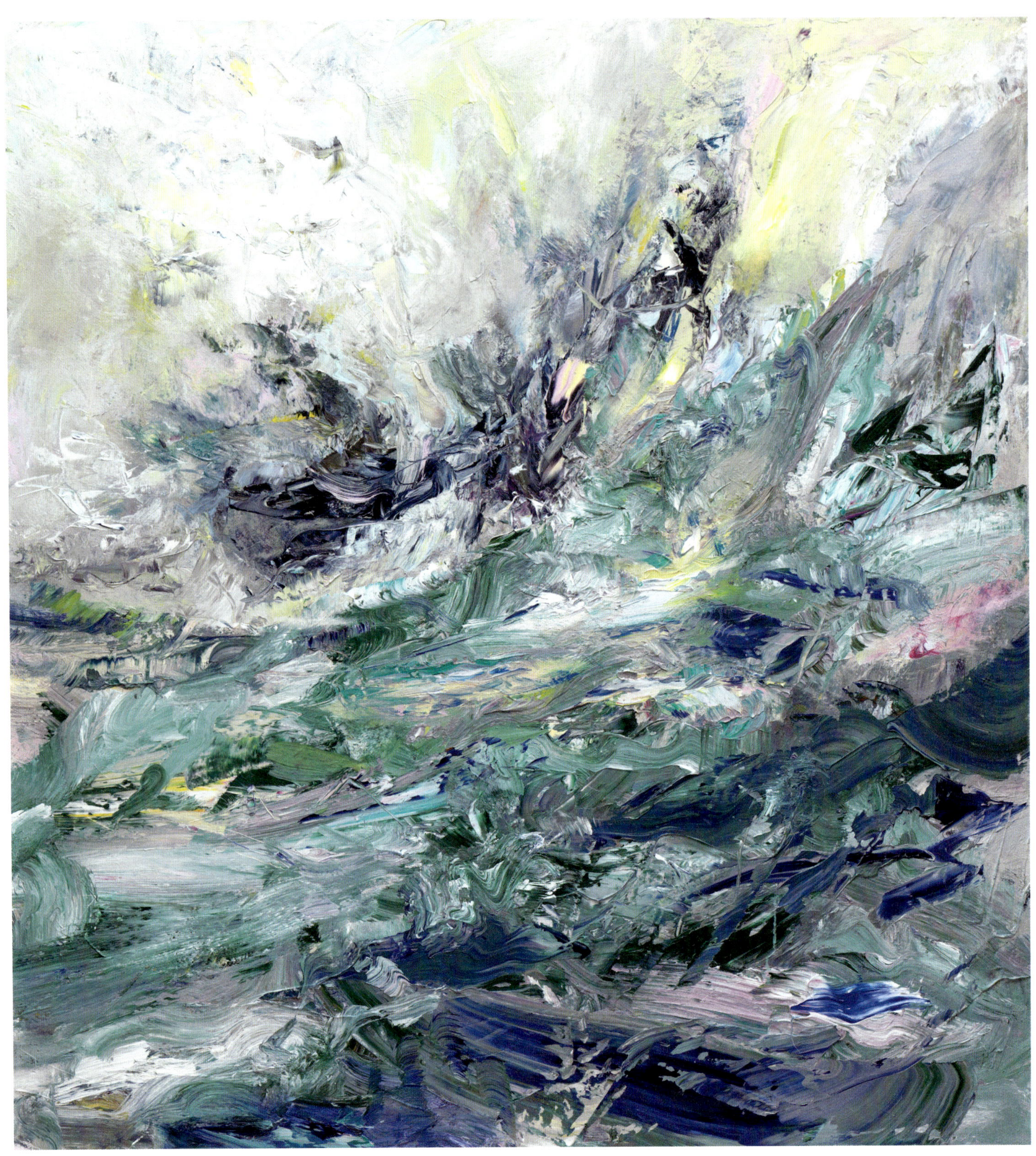

 Navigator Series (Flare), 2023

Elemental Forces
John Leroux in conversation with Michael Smith

October 18, 2023

John Leroux: Tell me about the shift that happened at the Beaverbrook Art Gallery when you were artist-in-residence in 2018. You started doing work based on Turner's *Fountain of Indolence* painting, but then facing it, you saw the *Terror* by George Chambers, and you instead focused on it as a response piece. What made that happen?

Michael Smith: Well, my painting *Explosion* (2005) was installed in the European collection gallery, and my natural inclination was to look at the Turner and the Constable paintings hanging adjacent to my work. The curator at that time, Jeffrey Spalding, positioned my work to form a connection between contemporary painting and nineteenth-century works. My fascination with this British tradition of landscape painting would inevitably draw me to these works — but when I turned and looked across the room for the first time and saw the Chambers painting, it just held my interest in a powerful way. I'm not usually drawn to paintings depicting historical events, but something about this painting really fired my imagination.

When I got closer, I saw that it had a very atmospheric, somewhat gloomy presence. It was relatively small, but it held so much in its frame, both as a compelling story of an unfolding event and as a small landscape of Arctic Canada, a place I had only imagined.

JL: It's almost hyper-Canada. We think we know winter, especially living in Montreal, but we don't know winter. They knew winter. And it's a winter that's almost inconceivable.

Forces élémentaires
Un entretien de John Leroux avec Michael Smith

18 octobre 2023

John Leroux : Parlez-moi du changement qui s'est produit au Musée des beaux-arts Beaverbrook lorsque vous étiez artiste résident en 2018. Vous avez commencé à faire un travail en vous inspirant de *The Fountain of Indolence* de Turner, mais vous avez vu, lui faisant face, *Terror* de George Chambers, et vous avez plutôt considéré ce tableau comme une œuvre de réaction. Comment cela s'est-il produit ?

Michael Smith : Mon tableau *Explosion* (2005) a été installé dans la galerie de l'art européen, et j'ai naturellement été porté à accrocher les tableaux de Turner et de Constable à côté du mien. Le commissaire de l'exposition, Jeffrey Spalding, avait placé mon œuvre de manière à établir un lien entre la peinture contemporaine et celle du XIXe siècle. Ma fascination pour la tradition britannique de la peinture de paysages m'a inévitablement attiré vers ces œuvres, mais lorsque j'ai regardé pour la première fois de l'autre côté de la pièce et que j'ai aperçu le tableau de Chambers, il a tout simplement capté mon intérêt d'une manière très puissante. Généralement, les peintures décrivant des événements historiques ne m'attirent pas, mais quelque chose dans ce tableau a vraiment enflammé mon imagination.

En m'approchant du tableau, j'ai remarqué qu'il avait une présence très atmosphérique, légèrement lugubre. Le cadre était relativement petit, mais il contenait une énorme quantité de choses à la fois, comme l'histoire fascinante d'un événement en cours et comme un petit paysage de l'Arctique canadien, un endroit que je n'avais vu qu'en imagination.

JL : C'est presque l'hyper-Canada. Nous pensons connaître l'hiver, surtout si nous vivons à Montréal, mais en fait ce n'est pas le cas. Eux, ils savaient ce que c'était, l'hiver. Pourtant, c'est un hiver qui est presque inconcevable.

MS: Yes, but at the same time, it was presented in a somewhat bucolic way. There was something still a little harmless about the precarious Arctic conditions it was conveying. And so, you say to yourself, "Hold on, there should be a lot more terror in the representation of this *Terror*." And that kind of irony was really fascinating. So, my thoughts were, "How do I imagine this moment and reveal this sense of danger? How do I express it?" So, that became a task that I set myself. And once I started, I was drawn in.

JL: These works opened up a door for you to discover new venues in your own painting?

MS: Yes.

JL: In your own write-up of the themes and forms of painting you've dealt with for over thirty years, so many you list are categorically in the *Terror*. You talk about sites of conflict, referencing paintings from the past, maritime paintings, reinvention of places (lived and imagined), the urban wild — the idea of *plein-air* work made in situ. Almost everything is in the *Terror*, this microcosm of all of your interests, within something that was also of a very small scale, almost a monochromatic painting. Was it a perfect foil to deal with? I find it remarkable that your personal list is so connected to this particular artwork.

MS: It's the most unlikely door to enter that would eventually open to so many, as you say, of these different influences that have been apparent in the work over the years. Now it seemed to be encapsulated in one work, and I could explore even more of these different influences and perhaps bring them together. So, there are themes, as you mentioned, like ideas of exploration, migration, and collision. The ironic sense that the land isn't just this inviting place providing expressions of discovery and delight. There are shadows and riddles within the landscape; there are echoes of things that are dangerous and unknown.

MS : Oui, mais en même temps, l'hiver était représenté d'une manière légèrement bucolique. Il y avait tout de même quelque chose d'inoffensif dans les conditions arctiques précaires que véhiculait le tableau. Alors je me suis dit : « Attends un peu, il devrait y avoir beaucoup plus de terreur dans la représentation de ce *Terror*. » Ce genre d'ironie me fascinait au plus haut point. Je me suis donc demandé comment imaginer ce moment pour transmettre cette idée de danger. Comment l'exprimer ? C'est la tâche que je me suis donnée. Et une fois que j'ai commencé, j'ai été happé par cette mission.

JL : Ces œuvres vous ont-elles ouvert une porte pour découvrir de nouvelles voies dans votre propre peinture ?

MS : Oui.

JL : Dans votre propre inventaire des thèmes et des genres de peinture que vous abordez depuis plus de 30 ans, beaucoup sont nettement présents dans *Terror*. Vous parlez de sites de conflit, vous faites référence à des tableaux du passé, à des marines, vous réinventez des lieux (où vous avez vécu et que vous avez imaginés), vous traitez de la nature sauvage en milieu urbain… Il y a la notion d'un travail réalisé sur le motif, *in situ*. *Terror* comprend presque tout ça. C'est un microcosme de tous vos intérêts, concentrés dans quelque chose qui est aussi de très petit format, une peinture presque monochrome. S'agissait-il d'un faire-valoir idéal à manipuler ? Je trouve remarquable que votre liste personnelle soit liée à ce point à cette œuvre d'art en particulier.

MS : C'est la porte la plus improbable qui a finalement ouvert la voie à tant de ces différentes influences qui se sont manifestées dans mon travail au fil des ans, comme vous le soulignez. Maintenant, tout semble être condensé dans une seule œuvre, et je peux explorer encore plus ces différentes influences et peut-être les réunir. Il y a donc des thèmes, comme vous l'avez mentionné, tels que les notions d'exploration, de migration et de collision, l'ironie que la terre n'est pas uniquement un endroit accueillant qui permet d'exprimer la découverte et le

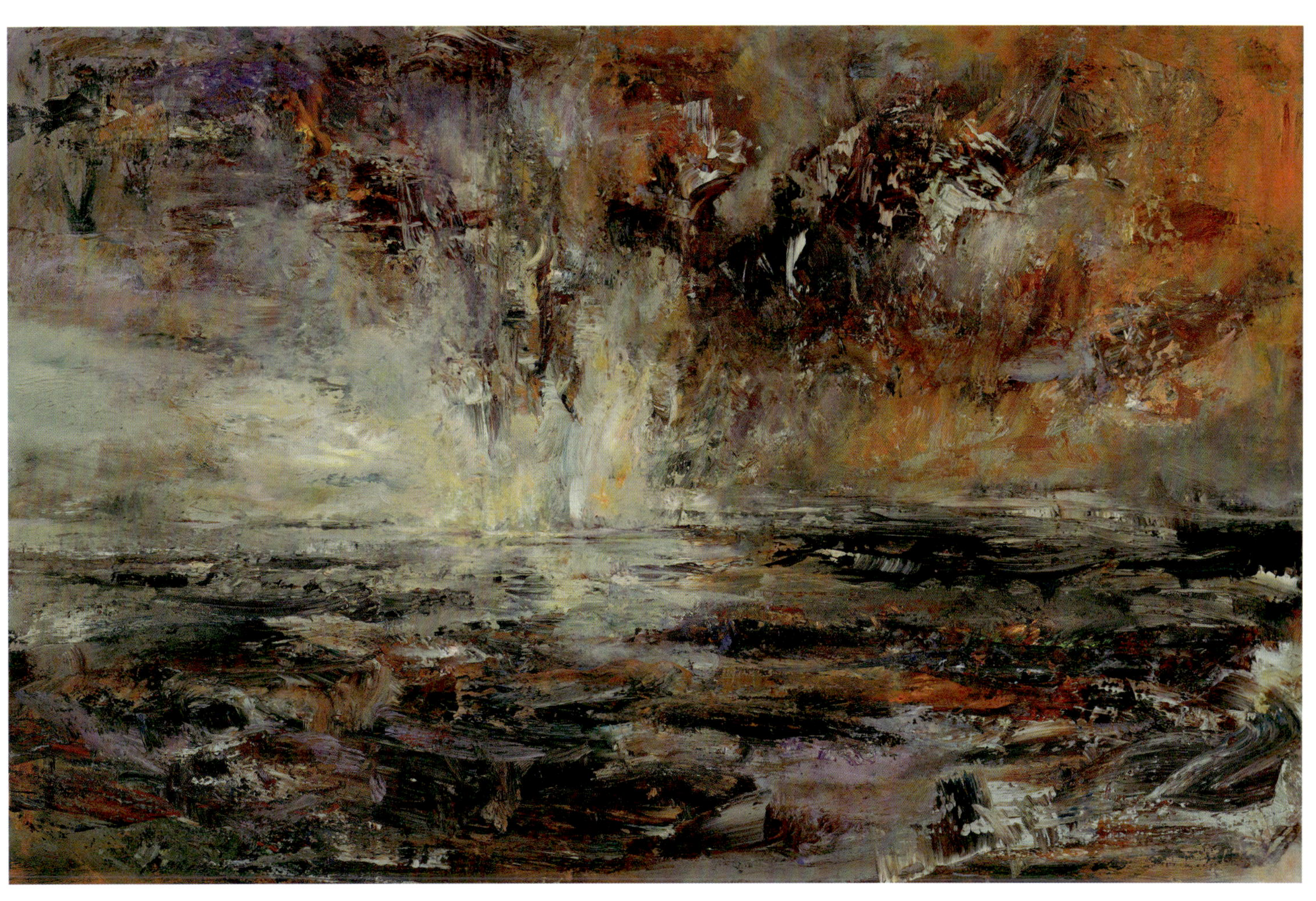

Explosion, 2005

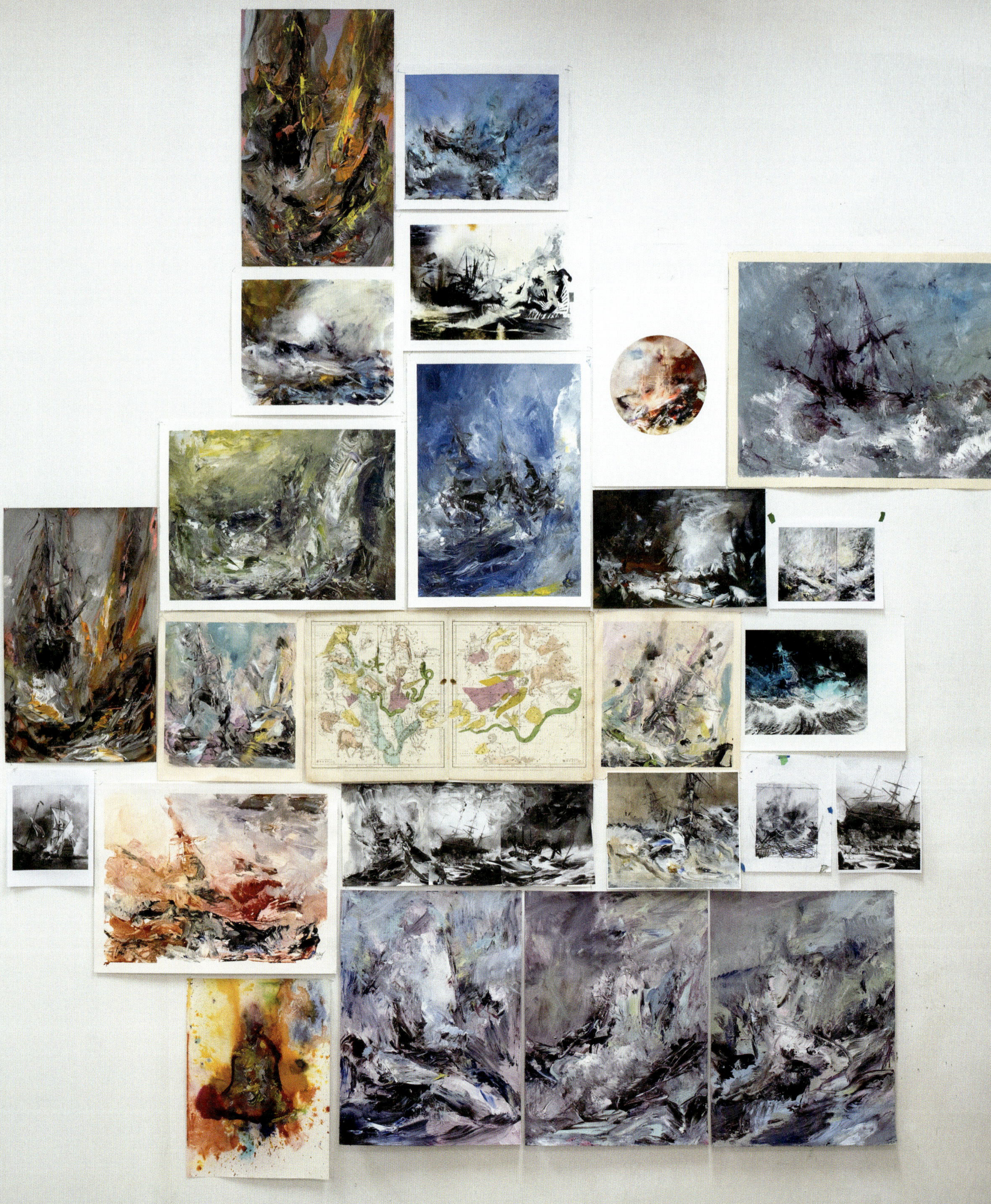

JL: You had a long pathway of transforming scenes of romanticized nature into realms of disruption and turmoil. But in Chambers's painting, in particular, it's much more romanticized than it would have been with people nearly freezing to death and likely thinking they were going to die.

MS: That's right, yet we know they're terribly unprepared for the elements. From the clothing they're wearing to the technological developments used to navigate this part of the north, even though the ship was technically advanced for its time, it was no match for the elemental forces they encountered.

JL: You're right. I'm not sure I would use the word *bucolic*, but it's almost there. It's a romanticized nature of what was there. The foreground is like Superman's fortress of solitude from the 1978 film. It's crystalline. The ice looks more beautiful than it does dangerous. The ship itself looks like it's simply held in routine ice, when it was much more threatening than that, with disruption and turmoil. Your paintings, however beautiful we find them, these speak to me much more about this disruption and turmoil than the actual *Terror* artwork does. Was it an intention to bring that emotion out in your work?

MS: Yes. I wanted to reframe this situation into what I could only imagine as one of incredible beauty but also potential harm — the sense of vulnerability experienced in such an awe-inspiring terrain open to extreme elements. And they had very little, if any, regard for native and Indigenous knowledge to aid in preparation. They seemed to be blithe to that. And so, it seems like they're bound to experience misadventure. To think these men thought they could conquer, outlast, or outsmart the elements they encountered just seems comical in retrospect.

plaisir. Il y a des ombres et des énigmes dans le paysage. Il y a des échos de choses dangereuses et inconnues.

JL : Vous avez longtemps transformé des scènes de nature romantique en lieux perturbés et agités. Mais dans le tableau de Chambers, en particulier, la nature est beaucoup plus romantique qu'elle ne l'aurait été en réalité avec les marins qui étaient sur le point de mourir de froid, et qui pensaient probablement qu'ils allaient mourir.

MS : C'est exact, mais nous savons qu'ils étaient terriblement mal préparés pour affronter les éléments. On n'a qu'à penser aux vêtements qu'ils portaient ou aux moyens techniques utilisés pour naviguer dans cette partie du Nord. Même si le navire était techniquement poussé pour l'époque, il n'était pas de taille pour affronter la puissance des éléments.

JL : Vous avez raison. Je ne suis pas sûr que j'utiliserais le mot « bucolique », mais c'est presque ça. C'est une version idéalisée de la nature qui était là avant. Le premier plan ressemble à la Forteresse de solitude de Superman dans le film de 1978. Il est cristallin. La glace semble plus belle que dangereuse. Le navire lui-même a l'air d'être soutenu par une glace normale, alors qu'elle était beaucoup plus menaçante, avec des perturbations et de l'agitation tout autour. Vos tableaux, aussi beaux soient-ils, évoquent davantage cette perturbation et cette agitation que l'œuvre représentant le *Terror*. Aviez-vous l'intention de faire ressortir cette émotion dans votre travail ?

MS : Oui. Je voulais recadrer cette scène dans ce que je j'imaginais comme une situation d'une incroyable beauté, mais aussi potentiellement dangereuse, avec un sentiment de vulnérabilité ressenti dans un lieu aussi impressionnant et exposé aux éléments extrêmes. Et puis, à l'époque, ils tenaient très peu compte, voire pas du tout, des connaissances des Autochtones qui auraient pu les aider à se préparer. Ils semblaient insouciants et donc condamnés à vivre des mésaventures. En rétrospective, on peut trouver cocasse que ces hommes aient

JL: Well, it is the nineteenth century, and you can claim British colonial arrogance or simple human arrogance. But in this body of your work, you're constantly going back to Chambers's ship. All of your paper studies have that central formal element, however slight, of the masted ship. You're not bound by it, but it's there.

MS: Yes.

JL: But I feel the Chambers painting is actually a very static painting. It reads like a photograph, it's not moving. Yours are anything but. They possess a dynamism to the tenth power.

MS: Right.

JL: So, where do you pull the difference? You're basing it on something that is essentially static and historic. Yours are a maelstrom of activity.

MS: It's like the paintings are literally wrestling with this kind of dilemma or conundrum — how do you, as a painter, put yourself potentially, within that moment, within that place, to feel it? To experience it now, somehow, somatically. I think for me, particularly recently, painting is about how the body reacts to place — even imagined places. You experience something by feeling it bodily, physically.

JL: It's about empathy.

MS: It's an empathic, physiological response to a moment. I want the paintings to propose a sensation built around my understanding of events where vessels are precariously folding and breaking up in the waters.

JL: When I look at your triptych *Le Passage*, I feel the emotional energy from the Chambers painting — the heroic boldness of human effort or simply survival. But in *Le Passage* you feel the elements of fear and danger and the energy that would have surrounded them. There's something in yours that is not in the Chambers painting.

cru pouvoir conquérir les éléments, leur survivre ou être plus malins qu'eux.

JL : Eh bien, c'était le XIXe siècle et on pourrait mettre en cause l'arrogance coloniale de Britanniques ou la simple arrogance des humains. Mais dans cette série, vous revenez constamment au navire de Chambers. Toutes vos études sur papier comportent cet élément formel central, aussi ténu soit-il, qu'est le grand voilier. Vous n'êtes pas contraint par cet élément, mais il est présent.

MS : Oui.

JL : Par contre, j'ai l'impression que la peinture de Chambers est en fait très statique. Elle se lit comme une photographie, elle ne bouge pas. Vos tableaux sont tout le contraire. Ils possèdent un dynamisme à la puissance dix.

MS : En effet.

JL : Alors, où se situe la différence ? Vous vous basez sur quelque chose qui est essentiellement statique et historique, mais dans vos peintures, il y a un maelström d'activités.

MS : C'est comme si les tableaux se démenaient littéralement avec ce genre de dilemme ou d'énigme. Comment peut-on, en tant que peintre, s'inscrire dans ce moment, dans ce lieu, pour le ressentir ? Pour en faire l'expérience maintenant, d'une manière ou d'une autre, sur le plan somatique ? Je pense que pour moi, surtout ces derniers temps, la peinture traite de la façon dont le corps réagit aux lieux, même aux lieux imaginaires. On expérimente quelque chose en le ressentant physiquement, avec le corps.

JL : C'est une question d'empathie.

MS : C'est une réaction empathique et physiologique à un moment donné. Je veux que les tableaux évoquent une sensation construite autour de ma compréhension des événements où les navires, en position précaire, se plient et se brisent dans les eaux.

JL : Lorsque je regarde votre triptyque *Le Passage*, je ressens la même énergie émotionnelle que devant le tableau de Chambers, l'audace et les efforts héroïques des humains ou simplement de la survie. Mais en contemplant *Le Passage,* on éprouve aussi la peur, le sentiment de danger et l'énergie qui

 Le Passage, 2019 (triptych | triptyque)

mutually agree upon something. It sounds crazy, but the paintings have their own voice, their own position, and their own presence; we talk.

JL: So, you don't force a domain over it, it's a dialogue.

MS: It's a dialogue. It's just me and the painting. I want the painting to offer a sense of embrace. I want it to have its own physical presence. When I'm working with large areas of movement, of waves and the movement of sea, I often engage memory, memories of places that I've visited. I have, for example, vivid memories of being in Newfoundland and going down to the wharf at Lark Harbour and looking at this deep pool of salt water that turns an impenetrable viridian green swirling with dark strands of seaweed. I go back to the memory of these indelible moments that I can reclaim in the process of painting.

JL: So your experience of living in marine environments — as a young man in England and in other explorations — comes through in this as well. This is not simply a response to this idea.

MS: As a student, I lived by the sea for four years in Cornwall, and those memories and the experiences I had in that coastal area still come into play. Watching boats being broken into smithereens by a gentle swell after being caught on rocks, I remember these things. So, these moments I can bring into play in the swift movements that I make on canvas, a conveyance of memory. In the works for this exhibition, I was always thinking of the Chambers painting and the irony we talked of earlier. It helped create a framework for a temperament of working.

JL: Where does scale come into play? Because you work on a monumental scale. Some of your smaller paper studies are here, and while they're extraordinary, I find the real visual power is in the larger paintings.

MS: I think that's exactly what I would say. When I'm making the studies, I'm trying to make a kind of plan. It's more like the scale of making something by hand

MS : J'essaie d'arriver à un moment où je peux évoquer tous les éléments différents et souvent chaotiques de la forme, de la lumière et de la couleur pour les orienter dans une direction où la composition a un sens. Il faut que la peinture et moi, nous soyons mutuellement d'accord sur quelque chose. Ça semble fou, mais les tableaux ont leur propre voix, leur propre position et leur propre présence. Nous nous parlons.

JL : Donc, vous n'imposez rien, c'est un dialogue…

MS : C'est un dialogue. Il n'y a que moi et la peinture. Je veux que le tableau nous enveloppe. Je veux qu'il ait sa propre présence physique. Lorsque je travaille sur de grandes surfaces couvertes d'agitation, de vagues et de mouvement de l'océan, je fais souvent appel à la mémoire, à des souvenirs d'endroits que j'ai visités. Je me rappelle très bien, par exemple, à Terre-Neuve, être descendu sur le quai de Lark Harbour et avoir regardé cette vaste étendue d'eau salée d'un vert émeraude impénétrable, où tourbillonnaient de longues algues sombres. Je retourne au souvenir de ces moments indélébiles que je peux retrouver au cours du processus de peinture.

JL : Votre expérience de la vie au bord de la mer lorsque vous étiez jeune homme en Angleterre, ainsi que les autres explorations que vous avez faites, transparaissent également dans cette œuvre. Ce n'est pas seulement une réaction à cette idée.

MS : Lorsque j'étais étudiant, j'ai vécu pendant quatre ans en Cornouailles. Ces souvenirs et les expériences que j'ai vécues dans cette région côtière me reviennent encore en mémoire. Des bateaux réduits en miettes par une légère houle après s'être échoués sur des rochers, je me souviens d'avoir vu ça. C'est donc ces moments que je peux mettre en scène dans les gestes rapides que je fais sur la toile, un moyen de transmettre la mémoire. En créant les œuvres de cette exposition, je pensais constamment au tableau de Chambers et à l'ironie dont nous avons déjà parlé. Cela m'a aidé à créer le cadre propice à une atmosphère de travail.

JL : Quel est le rôle du format ? Vous travaillez à une échelle monumentale. On voit certaines de vos petites études sur papier ici, et bien qu'elles soient extraordinaires, je trouve

in writing. For me, the writing of the composition is a wonderful way to help prepare where I may want to go. Eventually I take the studies away, and I lose my way in the physical making of the large paintings now fraught with their own dynamic concerns. When the studies go away, it's about being somatically engaged with the scale. I'm now in the painting and the painting offers the illusion of trespassing my (the viewer's) body-space. If there is a transformative moment for me, it is that pretend moment of being transported inside the work.

JL: Of course, and the idea of light as well is exceedingly present in your painting *Collision*. We spoke about the idea of this diagonal light blue coming through these two pieces that are on either side, and whether it's just a millisecond away from pouncing. You can feel that energy and contrapposto torsion. They are both about to slash into each other, and there's a tangible violence here. Your painting *Fire at Sea* is similar in its coloration and brash diagonal energy. We're given the privilege, or maybe the risk, of being about to see something exceptionally powerful and very destructive take place.

MS: Yes, that's what I want. There are very strident areas. And then there are these smoky spumes, sea-like mists, that occlude some of these areas, too. It's a tension between the softness of things that have this almost ethereal quality, but with these wild disruptions within it. They speak to me about a lot of things that are happening around me all the time. If I open up my news cycle, there it is. It's about the collision, the disruption and unpredictability of things.

JL: Especially today where there are so many awful things happening in the world, the polarized conflicts. Many don't realize that the HMS *Terror* was built as a military vessel during the War of 1812. It was designed to withstand the forces of conflict and impact.

MS: That's right.

que ce sont les grands tableaux qui dégagent vraiment une puissance visuelle.

MS : C'est exactement ce que je dirais, je pense. Quand je fais les études, j'essaie de suivre une sorte de plan. Ce serait l'équivalent de fabriquer quelque chose à la main, mais en écrivant. Pour moi, décrire la composition par écrit est une merveilleuse façon de préparer là où je pourrais aller. Je finis par enlever les études et je me perds dans l'exécution physique des grands tableaux qui sont maintenant chargés de leurs propres préoccupations sur le plan du dynamisme. Lorsque les études disparaissent, je m'implique somatiquement dans la grande échelle. Je me retrouve alors dans le tableau, et la peinture donne l'illusion de s'immiscer dans mon espace corporel, dans l'espace corporel du spectateur. S'il y a un moment transformateur pour moi, c'est celui où je suis transporté à l'intérieur de l'œuvre.

JL : Bien sûr, et l'idée de la lumière est également très présente dans votre tableau *Collision*. Nous avons parlé de cette lumière bleue qui traverse en diagonale les deux pièces situées de part et d'autre, et du fait qu'elle n'est qu'à une milliseconde de bondir. On sent cette énergie et cette torsion *contrapposto*. Les deux parties sont sur le point de se frapper et il y a là une violence palpable. Votre tableau *Fire at Sea* est similaire dans sa coloration et l'énergie effrénée des diagonales. Nous avons le privilège, peut-être risqué, d'assister à quelque chose d'exceptionnellement puissant et de très destructeur.

MS : Oui, c'est ce que je veux. Il y a des zones très stridentes. Et puis, il y a ces écumes, ces brouillards semblables à la brume de mer, qui occultent aussi certaines de ces zones. Il y a une tension entre la douceur des choses qui ont une qualité presque éthérée, et ces perturbations sauvages à l'intérieur. Elles me parlent de beaucoup de choses qui se passent autour de moi en permanence. Si j'accède aux nouvelles en continu, c'est là. Il s'agit de la collision, de la perturbation et de l'imprévisibilité des choses.

JL : Surtout aujourd'hui où il se passe tant de choses horribles dans le monde, où les conflits sont polarisés. Beaucoup de gens ne savent pas que le HMS *Terror* était un navire militaire

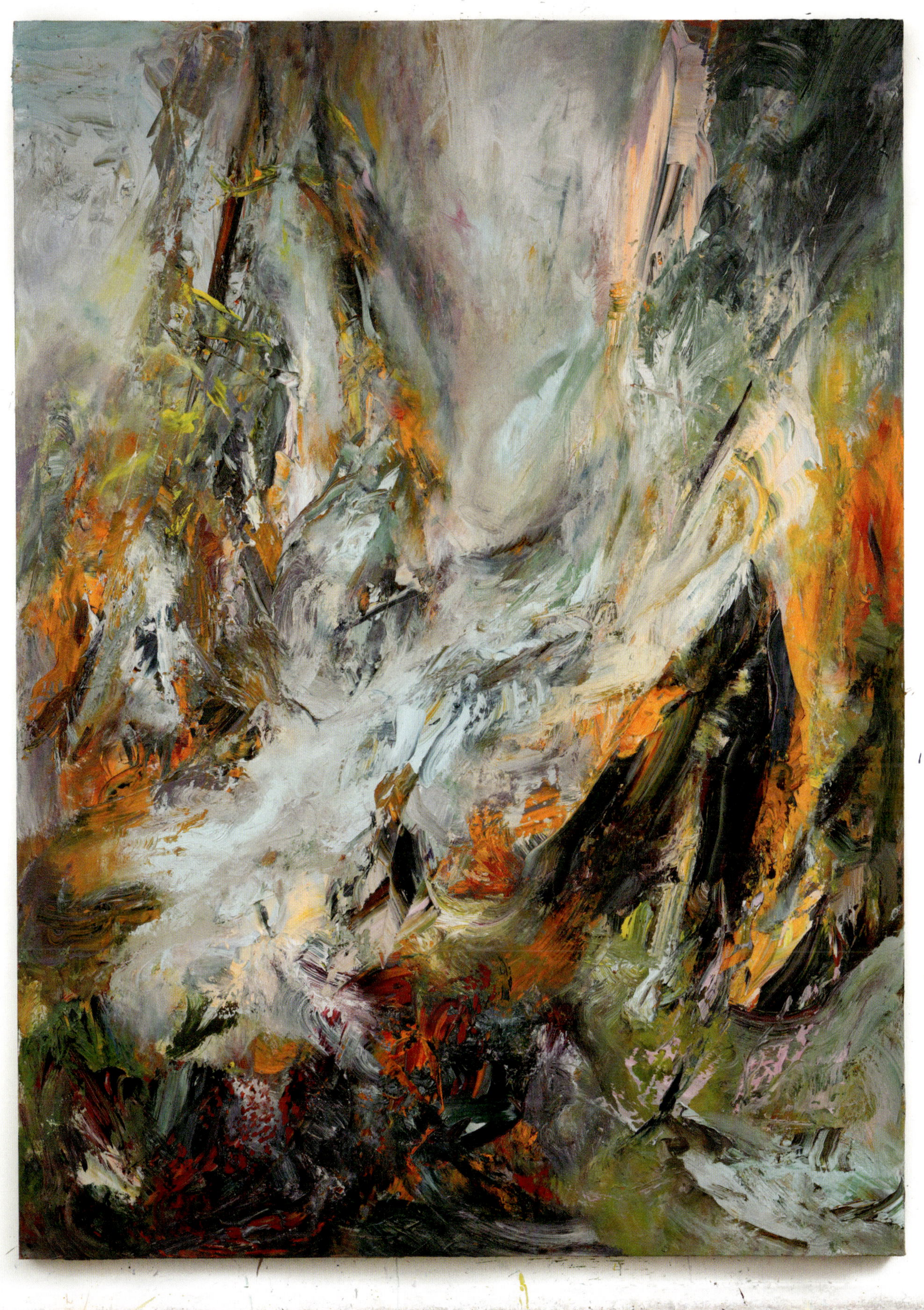

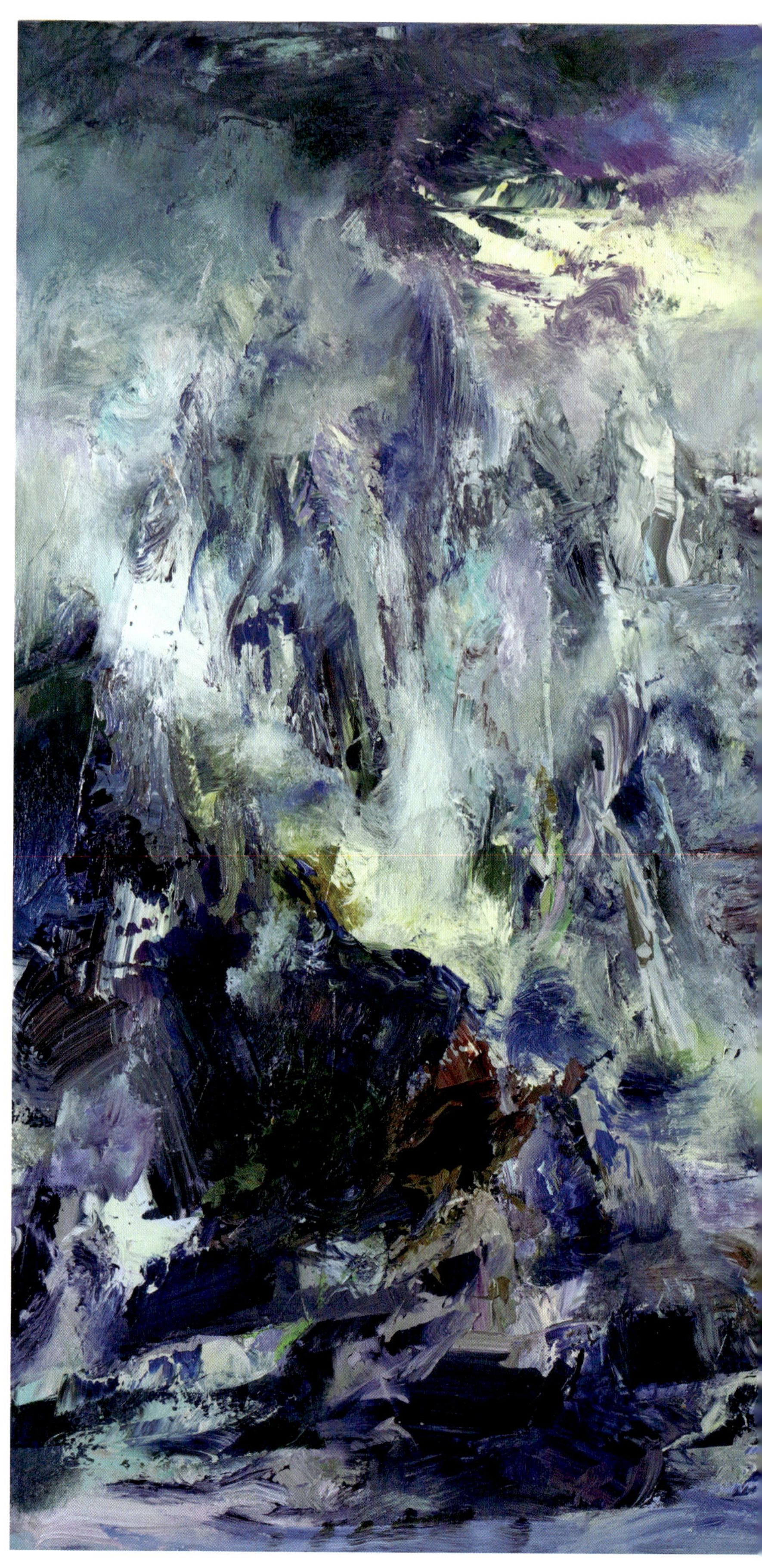

 Sea of Change, 2023

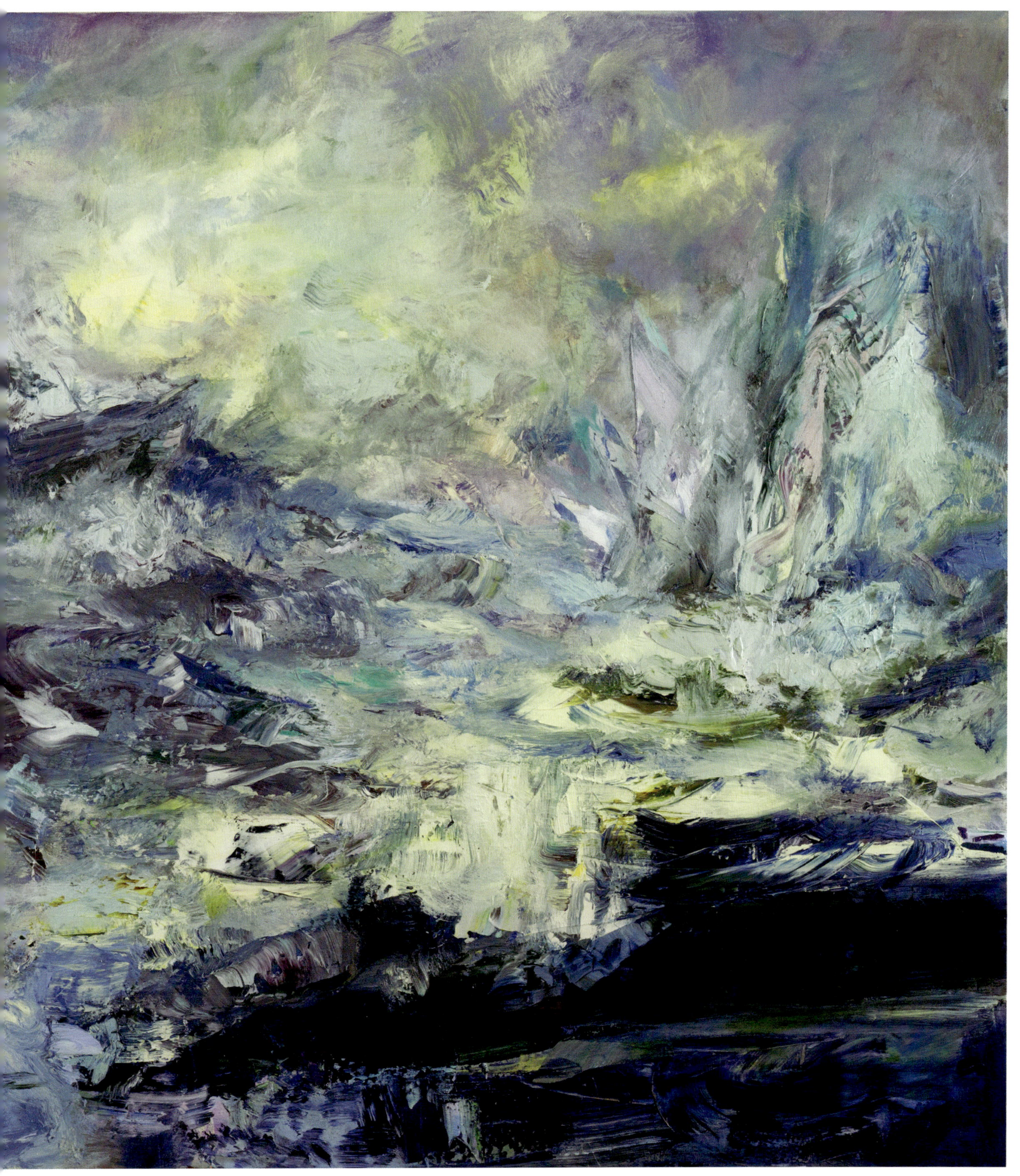

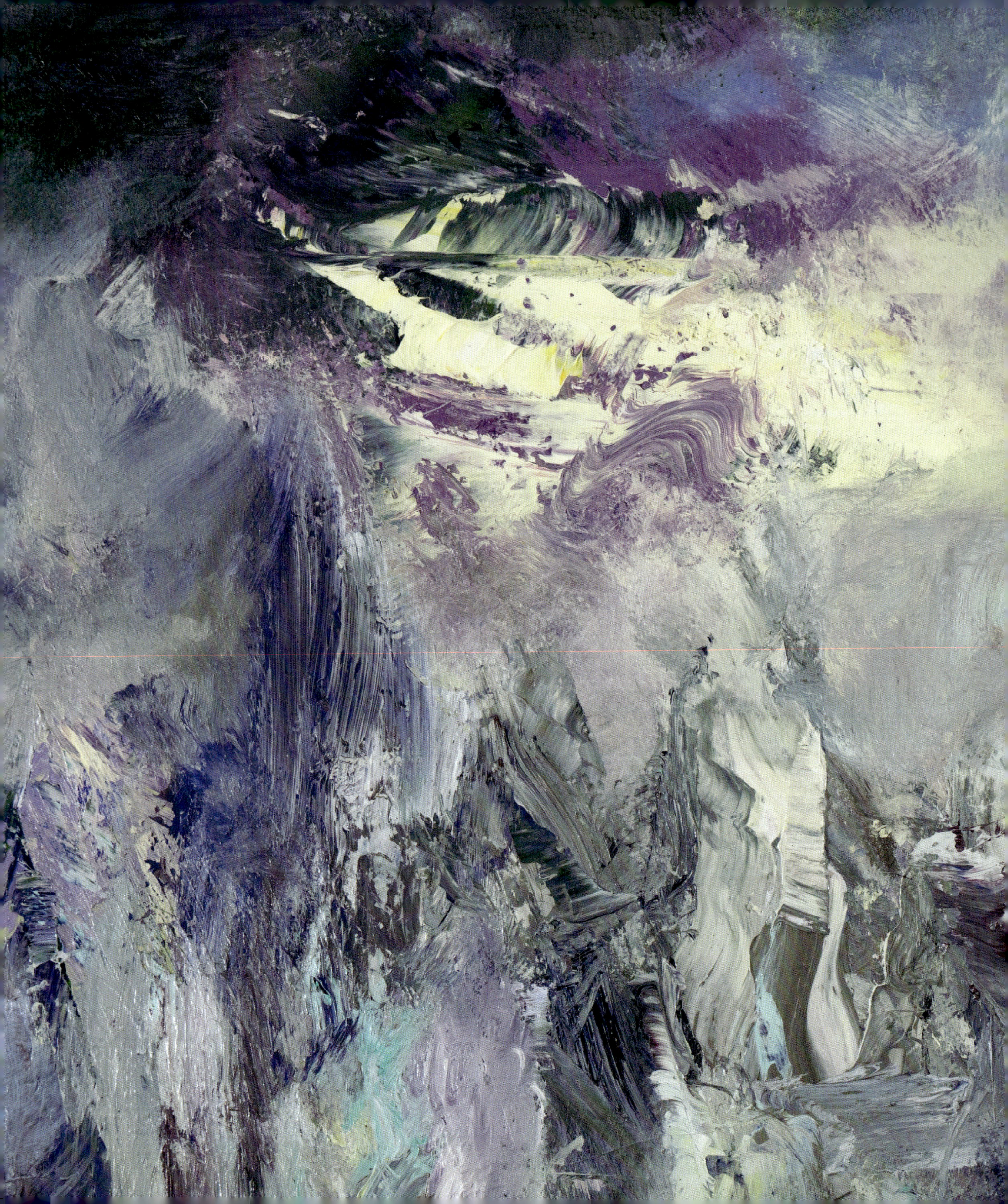

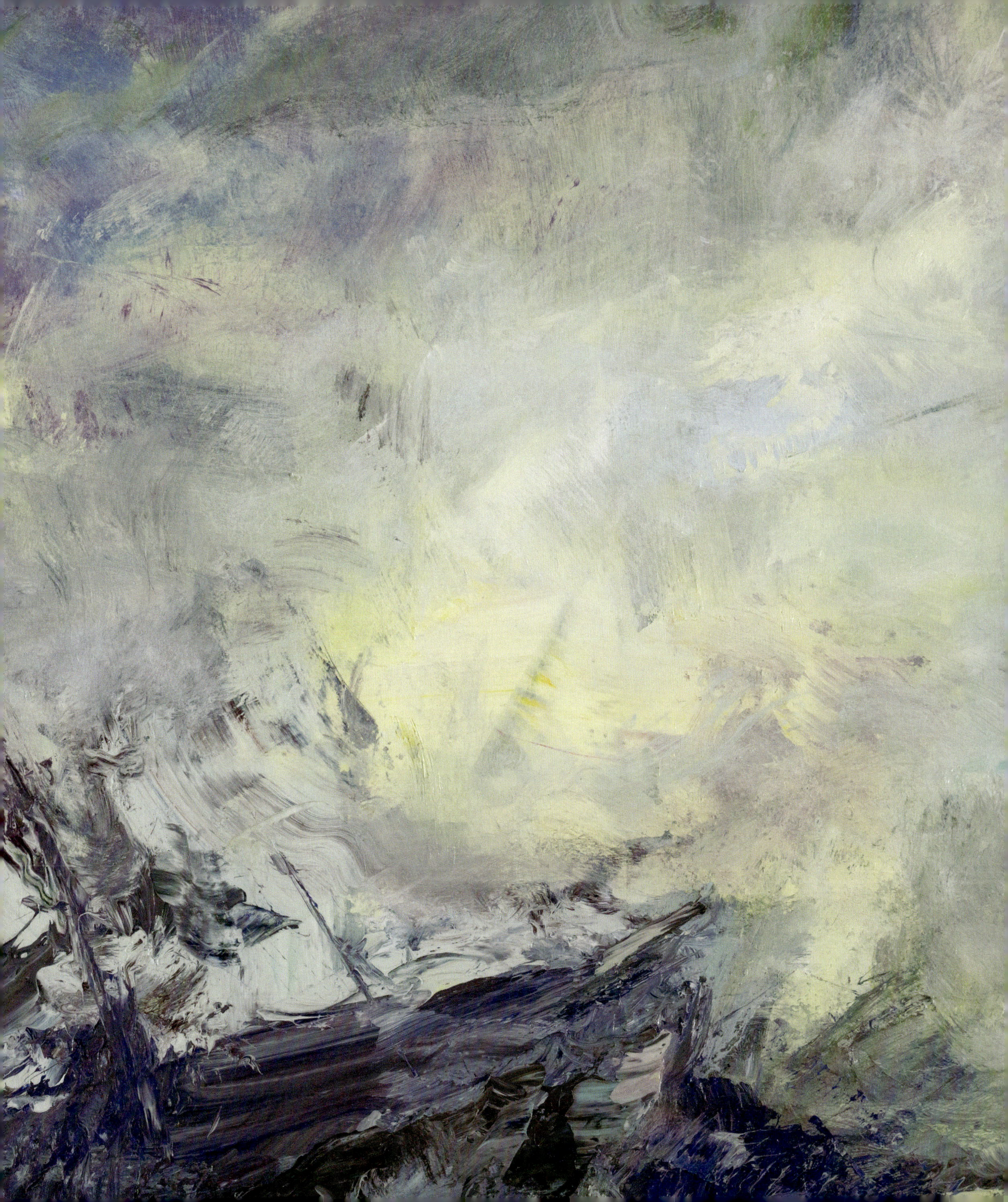

(preceding page | page précédente) *Sea of Change* (detail | détail), 2023

JL: But in looking at some of your paintings, there are distinct elements where you can feel a brash line in the midst of the maelstrom. I know you're not trying to be linear, but you can feel nuanced things that appear somewhat calculated — sort of engineered versus the truly organic.

MS: Yes.

JL: In the Chambers painting, you have the industrially designed boat and then nature all around. And you know who's going to win. The boat will lose. They always do.

MS: Indeed.

JL: And in this one *Sea of Change* and in some of the others, the ship form is a little more prominent. Why do you use that push and pull of the ship? Does having that subtle brushwork metaphorically evoking the *Terror* help generate the painting?

MS: I'm alluding to the fact that there's always this attempt to calm and to claim something that cannot be calmed and cannot be claimed. The vessel, in some ways, is a representation of that. The vessel is something that's engineered, manufactured, it's made. It's there to withstand certain elemental forces.

JL: But it's still a folly, right?

MS: Yes, inevitably, you know this is not going to withstand these stresses and strains demanded of it. It will never survive. So, there's always this tremendous sense of folly and a tremendous sense of impending failure even though, I'm sure, it had a majestic and celebrated beginning. We cover our eyes and think, "Oh my goodness, it's just not going to survive."

JL: Where do you draw the line between you as an artist, as a human having control, of you guiding something, versus it guiding you? The idea again of this being what you want it to be versus *it* allowing *you*; like the notion of the ship and its crew wanting to find something that didn't end up existing.

pendant la guerre de 1812. Il a été conçu pour résister aux forces du conflit et aux impacts.

MS : C'est exact.

JL : Mais en regardant certaines de vos peintures, il y a des éléments distincts où l'on peut sentir une ligne qui traverse effrontément le maelström. Je sais que vous n'essayez pas d'être linéaire, mais on peut sentir des nuances qui semblent calculées jusqu'à un certain point, une sorte d'opposition entre ce qui est réfléchi et ce qui est vraiment organique.

MS : Oui.

JL : Dans le tableau de Chambers, il y a le bateau fabriqué dans un chantier naval et la nature tout autour. Et on sait qui va gagner. Le bateau va perdre. C'est toujours comme ça.

MS : En effet.

JL : Dans *Sea of Change*, et dans certains autres tableaux, la silhouette du bateau est un peu plus présente. Pourquoi utilisez-vous ce mouvement d'aller-retour du navire ? Est-ce que ces coups de pinceau subtils qui évoquent métaphoriquement le *Terror* aident à générer la peinture ?

MS : Je fais allusion au fait qu'il y a toujours une tentative de calmer et de revendiquer quelque chose qui ne peut être ni calmé ni revendiqué. D'une certaine manière, le navire en est une représentation. Le navire est quelque chose qui a été conçu, manufacturé. Il a été fabriqué. Il est là pour résister à certaines forces élémentaires.

JL : Mais ça reste une folie, n'est-ce pas ?

MS : Oui, inévitablement. On sait que le navire ne va pas résister aux contraintes ni aux tensions qui lui sont imposées. Il ne résistera jamais. Il y a donc toujours cet énorme sentiment de folie et d'échec imminent, même si, j'en suis sûr, il a connu un début majestueux et célèbre. Nous nous voilons les yeux et nous nous disons : « Oh ! mon Dieu ! il ne va pas survivre. »

JL : Où tracez-vous la ligne entre vous en tant qu'artiste, en tant qu'être humain qui a le contrôle et agit comme guide, et ce qui vous guide ? L'idée, encore une fois, c'est une opposition entre ce que vous voulez qu'une chose soit et ce qu'elle vous permet, comme le navire et son équipage qui veulent trouver quelque chose qui, finalement, n'a jamais existé.

MS: I don't know. And I think that's one of the things that's really exciting. When the work is still in the studio, it's within this jumble and tumble of thoughts. Sometimes, when I see the works later, I think the paintings changed on their own because when I see them outside the studio in a gallery, often they look different, more complete.

JL: You've said of your practice that you're drawn to "the shadows of the past and the light of the moment. I'm seeking a sensitized understanding of moment and place as I present myself inside the land." You're creating these landscapes, but are you part of them or are you simply illuminating what's there? Do you see yourself immersed in these works by creating them, or do you also see yourself slightly disconnected from them, from what you have made?

MS: It's like reading a poem, and let's say it's a poem about a particular place or land you've never visited, but somehow the poem has taken you there. For a moment you think, I can see it. And I think when you're making a painting, you're trying to put together a place that might for a moment actually exist. You tell yourself, "even though I invented it, it might actually have existed."

JL: It's interesting you say that, because the landscape in the Chambers painting didn't exist. That's a radical interpretation of what was there, because when you look at the watercolour sketches by William Smyth, who was there, they're very different, with a different energy. Smyth's almost look quaint.

MS: This is the great discussion about what is "real."

MS : Je ne sais pas, et je pense que c'est l'une des choses les plus excitantes. Tant que l'œuvre n'est pas sortie de l'atelier, elle se trouve dans ce fouillis de pensées. Plus tard, quand je vois les œuvres, j'ai l'impression que certaines ont changé d'elles-mêmes parce que quand je les vois hors de l'atelier, dans une galerie, elles ont souvent l'air différentes, plus complètes.

JL : Vous avez dit, en parlant de votre art, que vous êtes attiré par « les ombres du passé et la lumière du moment », que vous êtes « à la recherche d'une compréhension sensible du moment et du lieu » lorsque vous vous présentez « à l'intérieur de la terre ». Vous peignez ces paysages, mais en faites-vous partie ou vous contentez-vous d'illuminer ce qui s'y trouve ? Vous voyez-vous plongé dans ces œuvres quand vous les créez ou bien vous voyez-vous aussi légèrement déconnecté d'elles, de ce que vous avez peint ?

MS : C'est comme lire un poème, disons un poème qui parle d'un endroit particulier ou d'un pays qu'on n'a jamais visité, mais où il nous transporte d'une certaine façon. Pendant un instant, on se dit : « Je peux le voir. » Et je pense que lorsqu'on peint un tableau, on essaie de reconstituer un lieu qui pourrait, pendant un instant, exister pour vrai. On se dit : « Même si c'est moi qui l'ai inventé, c'est possible qu'il ait réellement existé. »

JL : C'est intéressant que vous disiez ça, parce que le paysage qu'on voit dans le tableau de Chambers n'existait pas. C'est une interprétation radicale de ce qui était là, parce que quand on le compare aux pochades à l'aquarelle de William Smyth, qui était là aussi, les œuvres sont très différentes, elles dégagent une énergie distincte. Celles de Smyth ont l'air presque pittoresques.

MS : C'est la grande discussion sur ce qui est « vrai ».

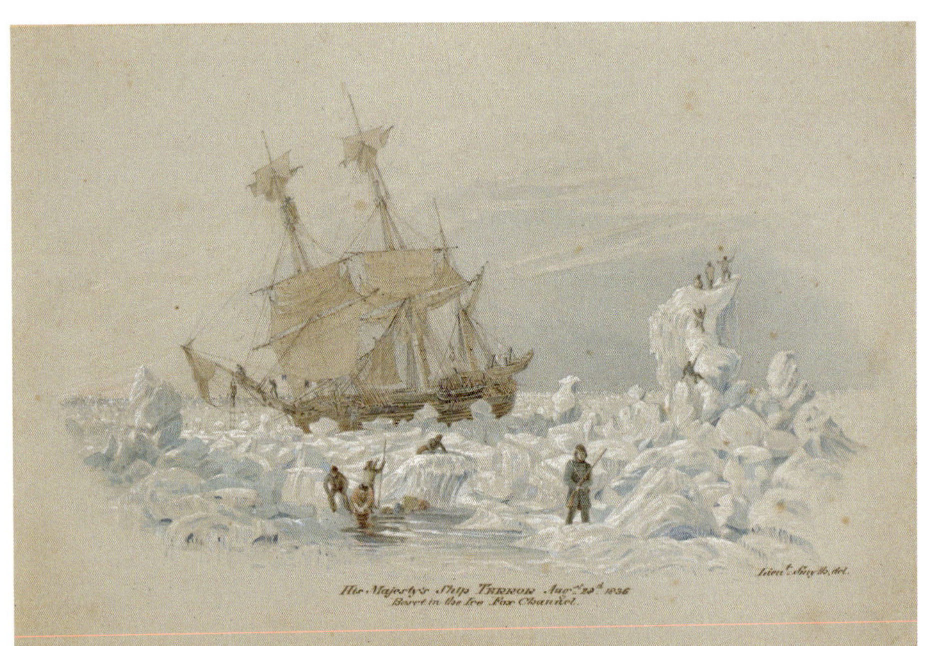

WILLIAM SMYTH
His Majesty's Ship TERROR August 28th 1836, Beset in the Ice, Fox Channel, 1836

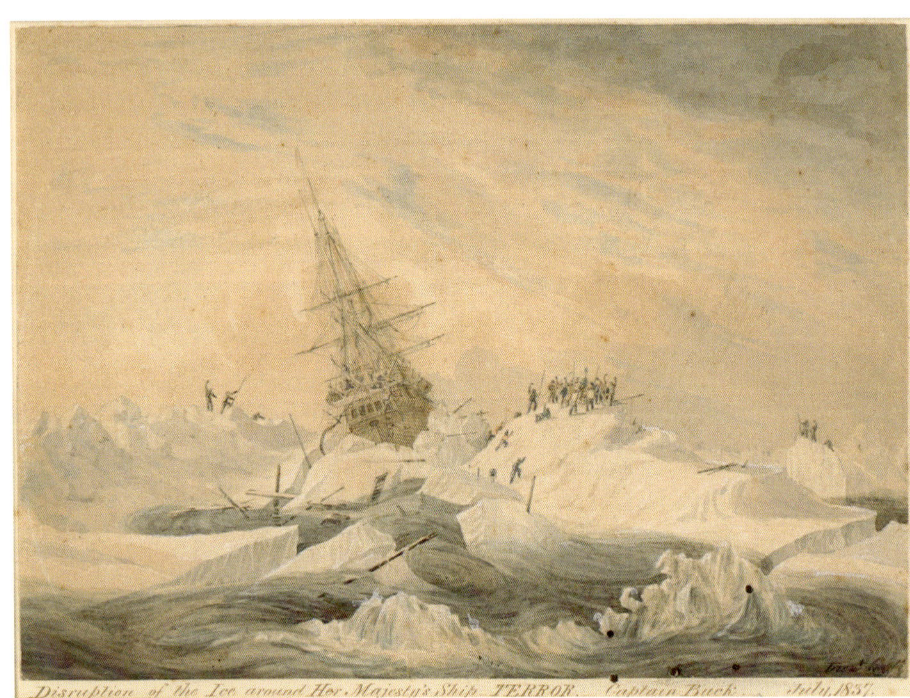

WILLIAM SMYTH
Disruption of the Ice around Her Majesty's Ship TERROR. Captain Back. July, 1837, 1837

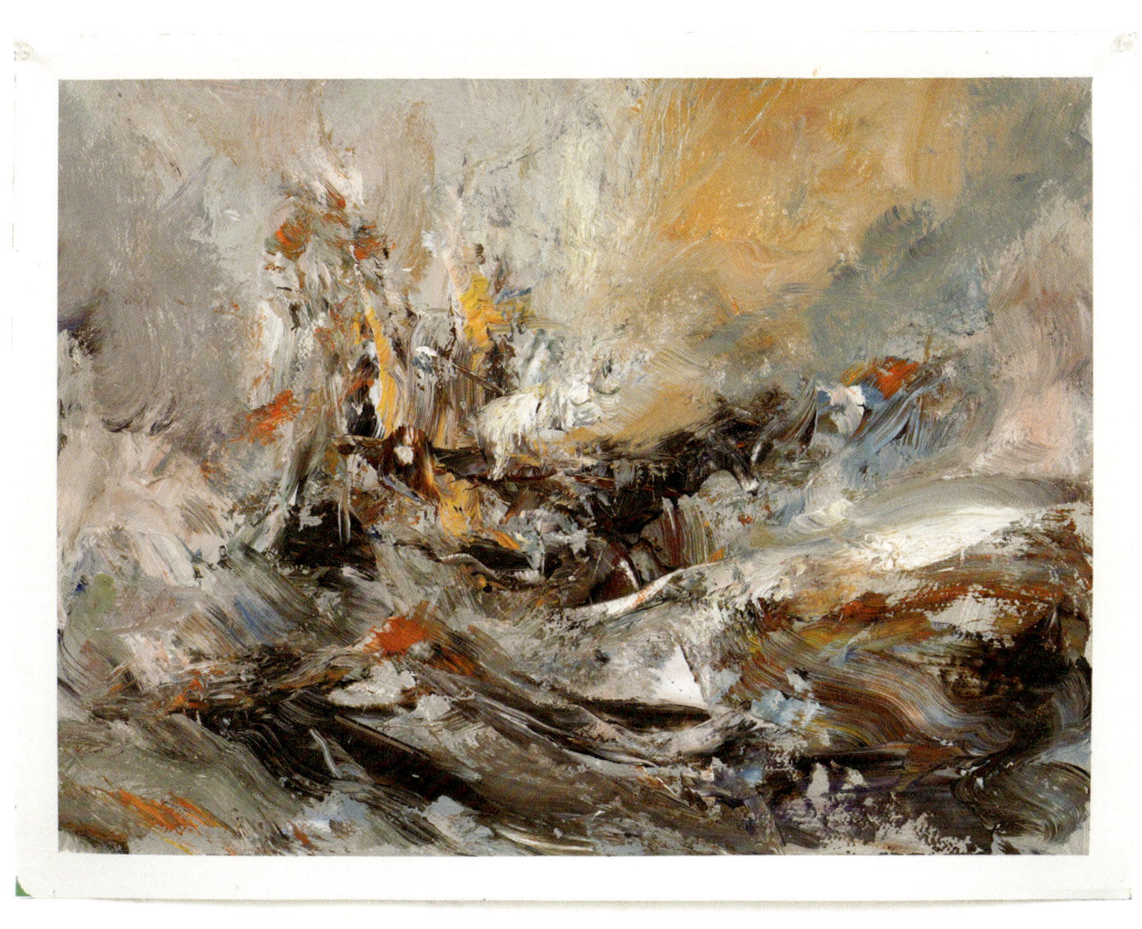

Study | Étude, 2023

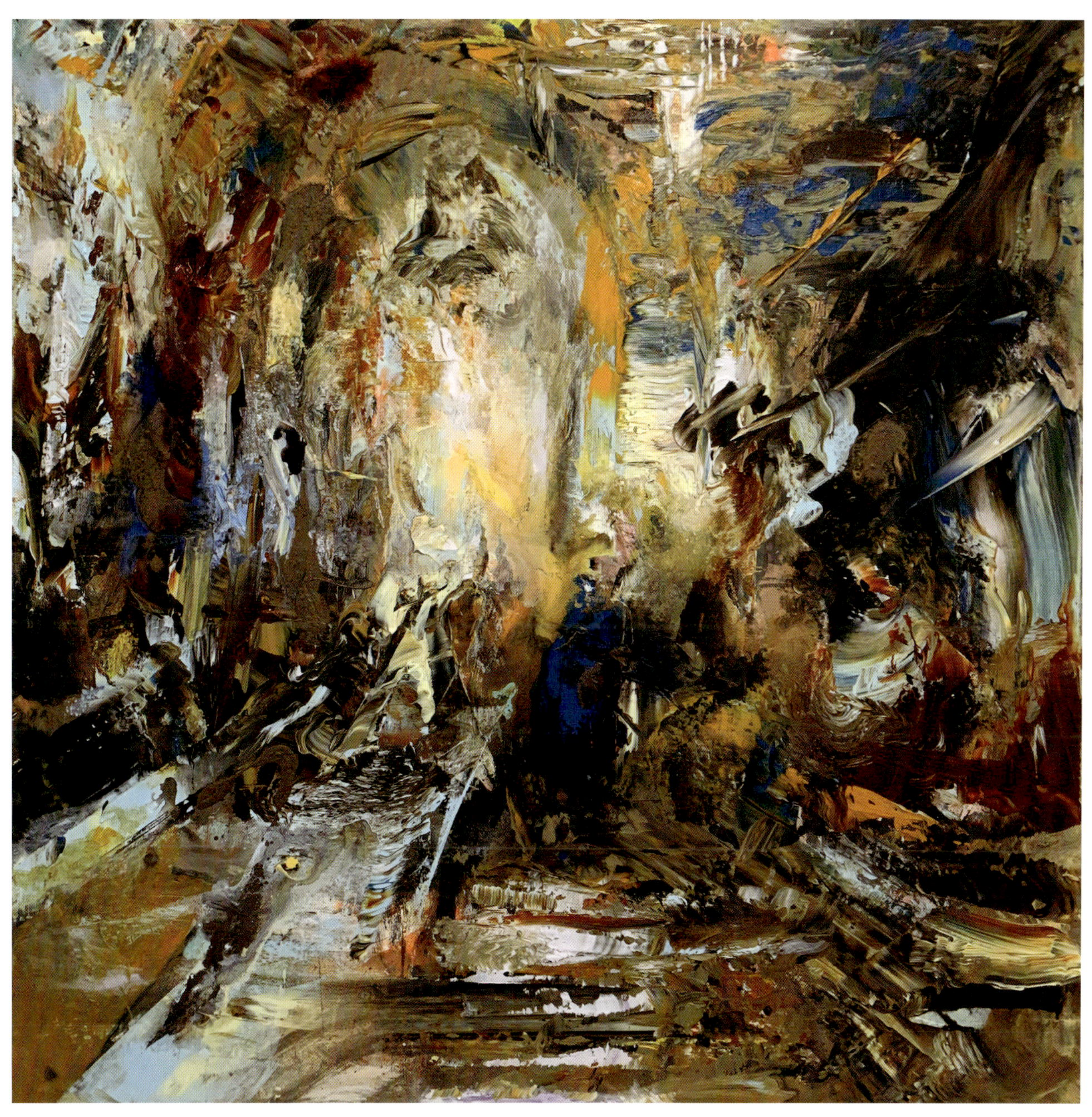

Under Wonderland, 2020

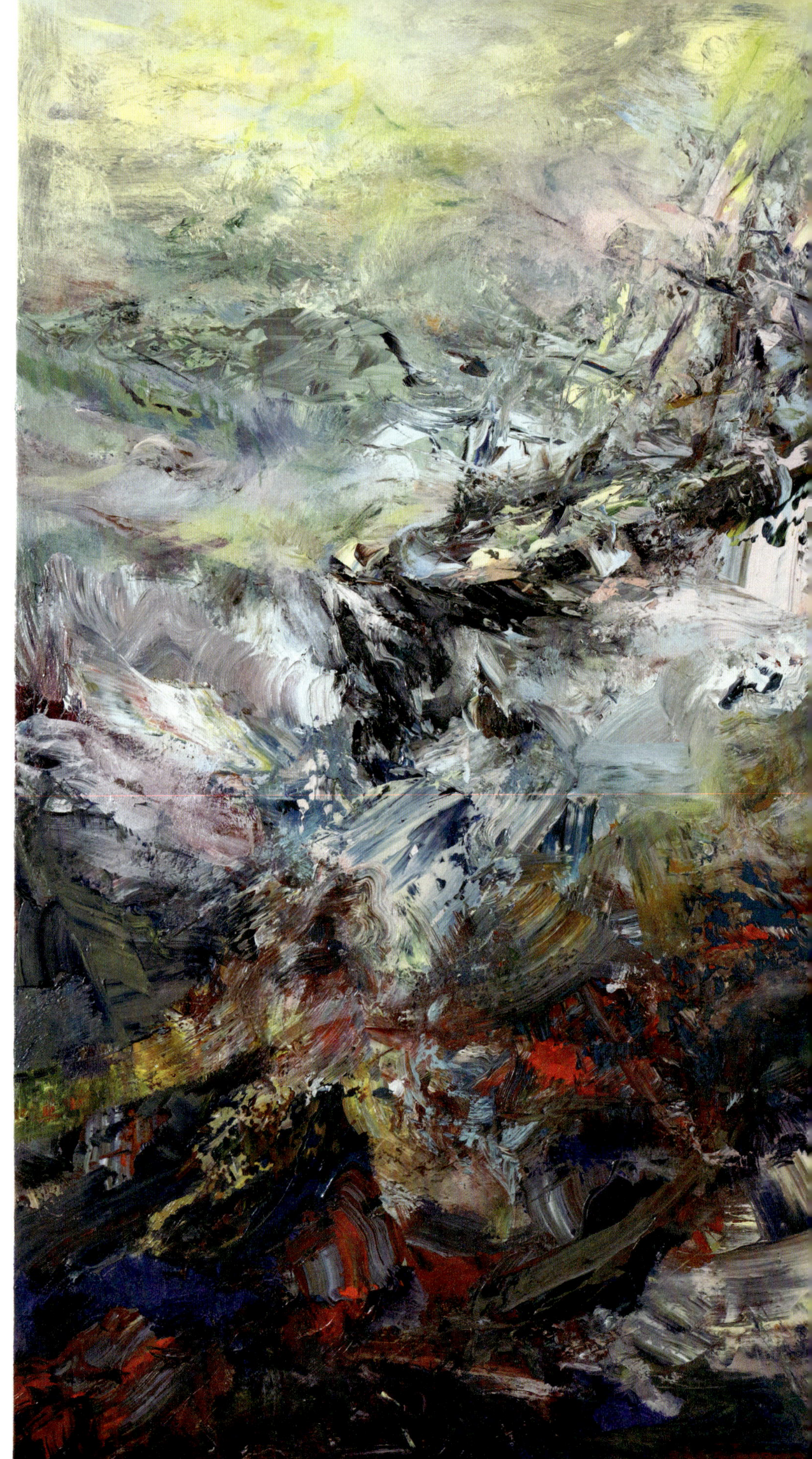

82 *Heading*, 2023

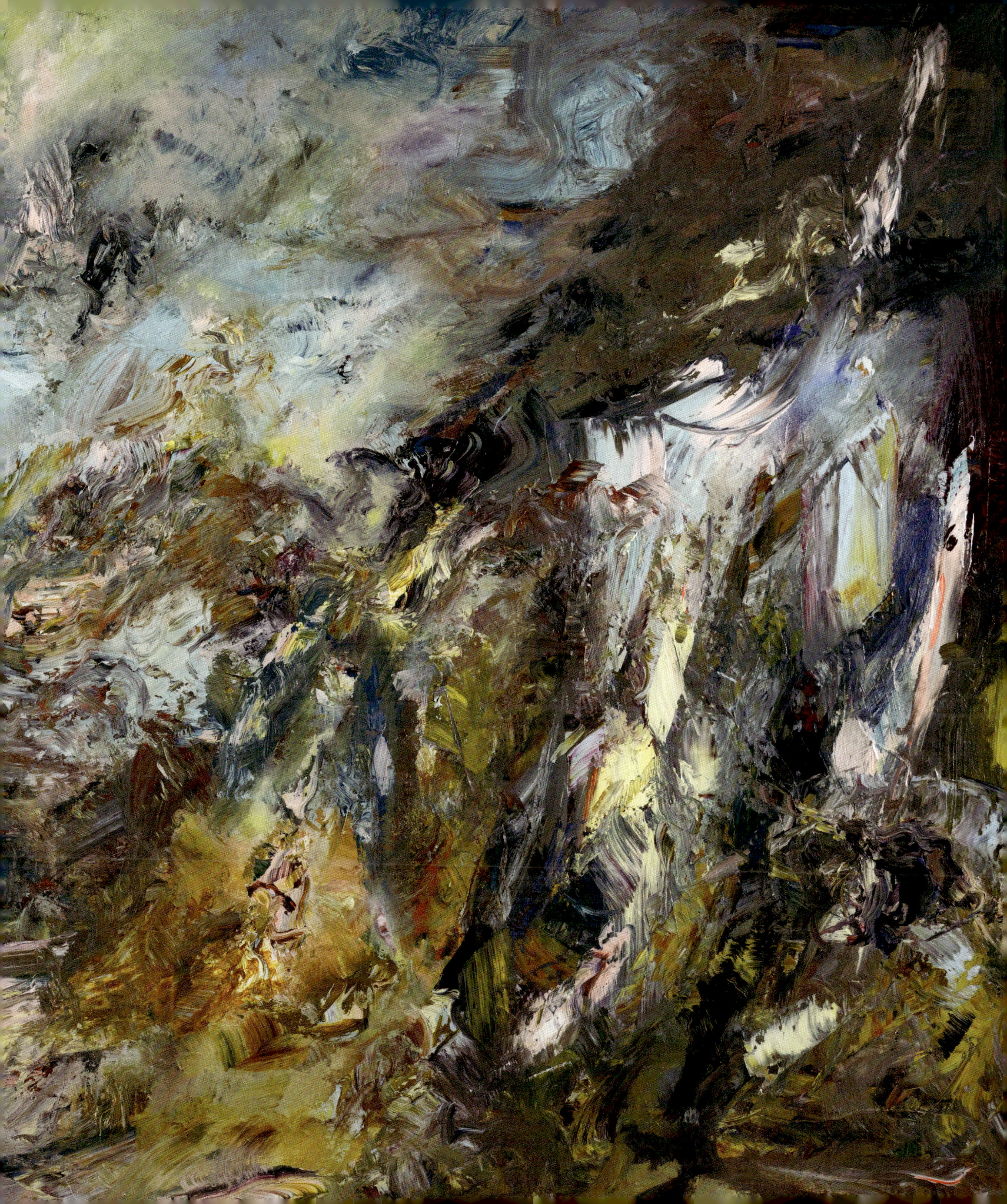

JL: Your paintings appear to convey much more what they would have felt. So, are these more real than those nineteenth-century paintings? What is real?

MS: Well, to help open up this question, when I started these paintings, I looked at nineteenth-century illustrations of the *Terror*. I looked at the Smyth drawings, his watercolours. I looked at George Chambers's painting and other painters who looked at both the *Erebus* and the *Terror* in their time. I followed the Parks Canada adventure locating the *Terror* and read Inuit accounts of the sightings of both the *Terror* and *Erebus*. But all these references only tell part of the story.

There's this kind of seeking for something that never settles, that sense is always elusive. I'm giving intensely personal expression to what I'm thinking and seeing. This is my expression of a history of images and stories that still irresistibly draw me to make work and to see what unfolds from my paintings as I investigate these intricate connections in the light of today.

JL: These are big issues. One of the things you speak to in your *Underland* series is about an experience of you in the caves, places millions of years old in geological time. You felt a sense of the earth as a grave. Here, in Chambers's *Terror*, they're outside of the earth, but when I look at this scene, their living on the icy earth is to see an imminent grave. Maybe not in the depicted 1837 moment here, but it will occur on a similar *Terror* expedition in 1845. How do you see those connected? Because everything we're looking at here will ultimately make people perish.

MS: One of the great fears I have is of drowning. I tried scuba diving, I couldn't do it. Even just a snorkel, going under water, I find difficult. I love being in the sea, but going under, I always find that a little difficult. So, I think there's a fear of drowning. It's a fear of facing one's own mortality, and the sea represents that in a very powerful way.

JL : Vos tableaux semblent raconter beaucoup plus ce que les marins auraient ressenti. Alors, est-ce qu'ils sont plus vrais que ces peintures du XIXe siècle ? Qu'est-ce qui est réel ?

MS : Pour élargir un peu la discussion, quand j'ai commencé à peindre ces tableaux, j'ai analysé des illustrations du *Terror* réalisées au XIXe siècle. J'ai scruté les dessins de Smyth, ses aquarelles. J'ai regardé la peinture de George Chambers et d'autres peintres de l'époque qui ont étudié l'*Erebus* et le *Terror*. J'ai suivi l'expédition de Parcs Canada pour localiser le *Terror* et j'ai lu des récits des Inuits qui ont vu le *Terror* et l'*Erebus*. Mais toutes ces références ne racontent qu'une partie de l'histoire.

Il y a cette sorte de recherche de quelque chose qui ne s'installe jamais, qui reste insaisissable. Moi, je donne une expression intensément personnelle à ce que je pense et à ce que je vois. C'est ma façon de raconter avec des images et des histoires qui me pousse encore inévitablement à voir ce qui se dégage de mes tableaux, et à faire fonctionner le tout, lorsque j'étudie ces liens complexes à la lumière d'aujourd'hui.

JL : Ce sont des enjeux importants. L'une des choses dont vous parlez dans votre série *Underland*, c'est d'une expérience vécue dans les grottes, des lieux vieux de millions d'années dans le temps géologique. Vous dites que vous avez l'impression que la terre est une tombe. Ici, dans le *Terror* de Chambers, les personnages sont à la surface de la terre, mais quand je regarde cette scène de près, leur vie sur la terre glacée est comme l'attente d'une mort imminente. Peut-être pas lors de la scène de 1837 représentée ici, mais ça s'est produit lors d'une expédition semblable du *Terror* en 1845. Quel est d'après vous le lien entre ces deux événements ? Parce que tout ce que nous voyons ici finira par causer la perte de gens.

MS : L'une de mes grandes peurs, c'est de mourir noyé. J'ai essayé de faire de la plongée sous-marine, mais je n'y suis pas arrivé. Même avec un simple tuba, j'ai du mal à aller sous l'eau. J'adore être dans la mer, mais nager sous la surface, c'est toujours un peu difficile. Alors je pense qu'il y a la peur de la noyade dans le tableau. C'est la phobie d'affronter sa

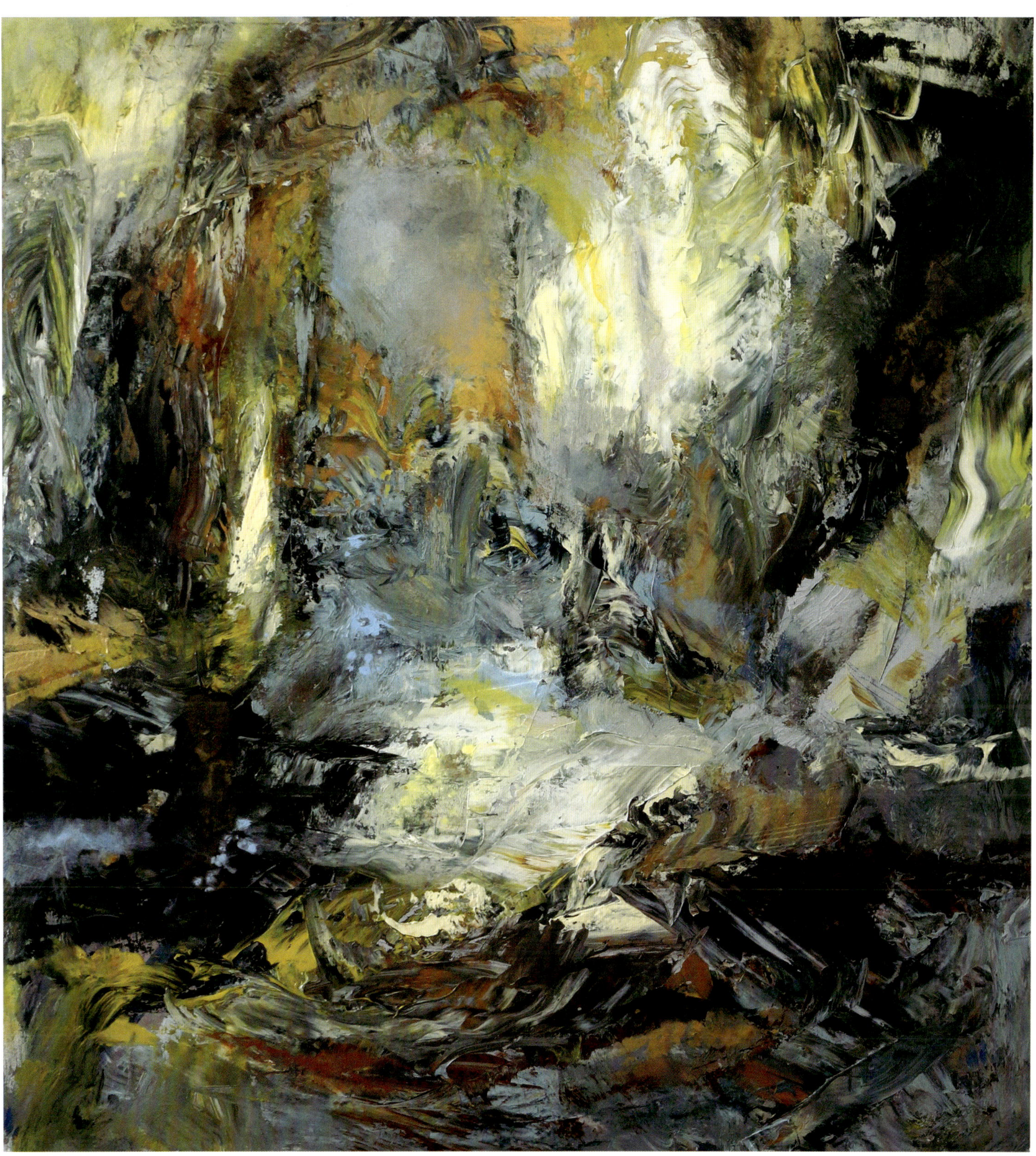

Fool's Gold, 2020

JL: Ultimately, I think your works invoke that sense of fluidity really well. Another thing you have that the Chambers doesn't is a strong sense of colour. The Chambers is almost monochrome, it's a chiaroscuro painting. Yours are not. Yours are very dynamic. Colour is as important as anything in your work, almost as much as the line.

MS: That's right, and we know that when things are achromatic or monochromatic, there's a tendency to look at things in terms of news or in terms of reportage. I deliberately set my palette so that it's chock-full of surprises. So I put magentas next to cobalts.

JL: We're seeing pinks and yellows that very few people would have the courage to use.

MS: Pinks and yellows and others. I deliberately mix seemingly discordant colours together. I admire painters who are called "colourists," where they have an understanding and a wonderful sense of the richness of what colour can do. I never want to lose that. I love the fact that every time I make a painting, I try deliberately to use and discover different colour combinations. Having said that, I still use values and I still use colours that have either representational, local, or symbolic kinds of reference — a kind of "sensitive chaos."

JL: The idea of conflict, of nature, of the arrogance of humankind's attempted dominion over the Earth, how much of those profound issues are on your mind when you're doing these paintings? To me, these are ultimately nature paintings. They deal with that transition between the Earth and the heavens. They're beyond the Chambers *Terror* episode. How much of these are diving into the existential nature of society today?

MS: It's really important because my father was too young to fight in the Second World War, but he was old enough to experience what he called "the cleanup." He could never fully talk about what it is he saw.

JL: He saw destroyed cities and misery…

propre mortalité, et la mer représente cette peur de façon très puissante.

JL : En fin de compte, je pense que vos œuvres évoquent très bien cette sensation de fluidité. Une autre chose que vous avez et que l'œuvre de Chambers n'a pas, c'est un sens poussé de la couleur. Le tableau de Chambers est presque monochrome, c'est un clair-obscur. Ce n'est pas le cas de vos tableaux. Les vôtres sont très dynamiques. La couleur est aussi importante que n'importe quel autre élément de votre travail, presque autant que la ligne.

MS : C'est exact, et on sait que lorsque les choses sont achromatiques ou monochromes, on a tendance à les regarder comme s'il s'agissait de nouvelles ou de reportages. J'ai délibérément organisé ma palette de manière à ce qu'elle soit pleine de surprises. Je place donc des magentas à côté de cobalts.

JL : On voit des roses et des jaunes que très peu d'artistes auraient le courage d'utiliser.

MS : Des roses, des jaunes et d'autres couleurs. Je mélange délibérément des couleurs qui semblent discordantes à première vue. J'admire les peintres qu'on appelle « coloristes », car ils ont une compréhension et un sens merveilleux de toute la richesse de ce que la couleur peut faire. Je ne veux jamais perdre cela. J'adore le fait que chaque fois que je peins un tableau, j'essaie délibérément d'utiliser et de découvrir différentes combinaisons de couleurs. Cela dit, j'utilise tout de même des valeurs et des couleurs qui ont des références soit représentatives, soit locales, soit symboliques, pour créer une sorte de « chaos sensible ».

JL : Quand vous réalisez ces tableaux, à quel point les questions profondes du conflit, de la nature, de l'arrogance de l'humanité qui tente de dominer la terre sont-elles présentes dans votre esprit ? Pour moi, il s'agit en fin de compte de tableaux représentant la nature. Elles traitent de la transition entre la terre et le ciel. Elles vont au-delà de l'épisode du *Terror* dépeint par Chambers. Dans quelle mesure ces tableaux plongent-ils dans la nature existentielle de la société d'aujourd'hui ?

MS : C'est très important parce que mon père était trop jeune pour combattre pendant la Seconde Guerre mondiale, mais

MS: I remember growing up and going into London and seeing bombed-out areas in the mid-1950s. There were still areas of London that were being rebuilt. You still saw the evidence of the Blitz. So, even though I grew up going to the Tate Gallery when I was ten or twelve years old, looking at these incredible Constables and Turners, I was also walking through London with my father looking at bombed-out remains. I knew that the land and the landscape weren't one thing, they were many things. It had a legacy. It had a past loaded with scars and shadows.

JL: As an artist are you compelled to try to bring order to the world? Or is that simply a fallacy we succumb to? There is the idea that at least if you capture it, you can frame it, then you can understand it, acknowledge it. At least then you are maybe halfway there. I don't mean to be so overconfident as to claim a painting can help the human condition, but how can art help us understand where we are at?

MS: When I make paintings, I'm not looking at a uniquely sublime place or landscape. By understanding that we start with the unsettled helps me understand what it means to be human. I am not looking at nature exempt from causing danger and distress. These are things, it seems to me, that are part of the natural and human landscape. We can never be in control of it. It's only an invented Eden that says, "This is where fauna and flora will evolve and flourish for eternity." It's rife with uncertainty, transformation, collision, and conflict.

JL: One of the things you mentioned in your writings is of the familiar/unfamiliar expressing a sense of place. How much of that is in this body of work? The idea of winter and ice and us as Canadians assuming we are understanding it completely. Which we don't; we're pampered by our cities and shelters and systems. You cannot truly understand heat unless you're in the Sahara Desert with no water for a week. You can't understand fear unless you fall off a cliff. . . .

assez vieux pour assister à ce qu'il appelait le « nettoyage ». Il n'a jamais pu raconter tout ce qu'il a vu.

JL : Il a vu des villes détruites et la misère…

MS : Je me souviens d'être allé à Londres quand j'étais jeune, au milieu des années 1950, et d'avoir vu des zones détruites par les bombardements. Certains quartiers de Londres étaient toujours en reconstruction. On voyait encore les traces du Blitz. Alors, quand j'avais 10 ou 12 ans, je visitais la Tate Gallery et je voyais des œuvres incroyables de Constable et de Turner, mais je me promenais aussi dans la ville avec mon père pour voir les ruines des bombardements. Je savais que le territoire et le paysage n'étaient pas une seule chose, mais une multitude de choses. Ils portaient un héritage. Ils avaient un passé chargé de cicatrices et d'ombres.

JL : En tant qu'artiste, vous sentez-vous obligé d'essayer de mettre de l'ordre dans le monde ou s'agit-il simplement d'un sophisme auquel nous succombons ? Il y a cette idée que si on capture quelque chose, on peut au moins l'encadrer, et donc le comprendre, l'admettre. On a fait la moitié du chemin. Je ne veux pas sembler trop sûr de moi au point de prétendre qu'un tableau peut aider à améliorer la condition humaine, mais comment l'art peut-il nous aider à comprendre où nous en sommes ?

MS : Quand je peins, je n'observe pas un lieu ou un paysage unique et sublime. Le fait de savoir que nous commençons par l'instable m'aide à comprendre ce que signifie être humain. Je ne regarde pas la nature dénuée de danger et de détresse. À mon avis, ces réalités font partie du paysage naturel et humain. Nous ne pourrons jamais les maîtriser. Ce n'est qu'un éden inventé qui dit : « C'est ici que la faune et la flore évolueront et s'épanouiront pour l'éternité. » La nature est pleine d'incertitudes, de transformations, de collisions et de conflits.

JL : L'une des choses que vous avez mentionnées dans vos textes, c'est que le familier et le non-familier expriment un concept du lieu. Dans quelle mesure cela se retrouve-t-il dans ce corpus d'œuvres ? Il y a l'idée de l'hiver et de la glace, et la présomption que nous, les Canadiens, nous comprenons tout ça. Ce n'est pas le cas, parce que nous vivons douillettement

MS: Right.

JL: You can't understand winter and this idea of absolute hopelessness as a human unless you're in the Arctic ice with no food, no light, in the land of the twenty-four-hour sunset.

MS: Yes, yes. One thing that I did during COVID was to go outside into the woodlands through all the months and make drawings for hours on end. So, in January and February, I would be outside in the woods. I'd be wrapped up pretty well in layers, but my hands were free to draw. And I was surprised to find how long you can work outside. Although that was interesting for me to experience all seasons, it provided just a small glimpse of what it might be like to experience the Arctic cold in non-domesticated environments.

JL: Where you're not coddled.

MS: Right.

JL: We forget how pampered we are today with our heat and air conditioning. Even a hundred years ago, it would have been almost unimaginable. In describing your *Illusion Horizon* series, you quote a poem by Pablo Neruda from his "Sonata and Destructions," where you talk about the land turning through unknown regions, with the ground constantly dislodging and re-forming to arrive in new incarnations of ruin and renewal. That struck me as something that I feel in your work: an acknowledgement of ruin and renewal. That through whatever this is, something is going to die, perish, change, or be immersed, but something is also going to emerge out of that.

MS: I love that, too. One of the things that I noticed while I was working outside on one of the coldest days: I'm sitting on a bed of snow and ice, and it's completely silent, still. After sitting for an hour or two, my senses become acutely aware of the earth beneath the snow intricately shifting in slow tendril-like movements, a sense of the regeneration of life. I hope that sense of renewal is a part of what I'm bringing to the paintings.

grâce à nos villes, nos protections et nos systèmes. On ne peut pas vraiment comprendre ce qu'est la chaleur à moins d'être dans le désert du Sahara sans eau pendant une semaine. On ne peut pas comprendre ce qu'est la peur à moins de tomber d'une falaise…

MS : C'est vrai.

JL : On ne peut pas comprendre ce qu'est l'hiver et le désespoir absolu en tant qu'être humain à moins d'être dans la glace arctique, sans nourriture, sans lumière, dans le pays du coucher de soleil qui dure 24 heures.

MS : Oui, oui. L'une des choses que j'ai faites durant la COVID, c'était d'aller dans le bois et de dessiner pendant des heures. Alors, en janvier et en février, j'étais dehors dans le bois. J'étais bien emmitouflé, mais j'avais les mains libres pour dessiner. J'ai été surpris de voir à quel point on peut travailler dehors longtemps. Ça a été intéressant pour moi de faire l'expérience dans toutes les saisons, mais ça ne m'a donné qu'un petit aperçu de ce que ce serait d'expérimenter le froid polaire dans des environnements non domestiques.

JL : Où l'on n'est pas dorloté…

MS : C'est vrai.

JL : Nous oublions à quel point nous sommes choyés aujourd'hui avec le chauffage et la climatisation. Ça aurait été presque inconcevable il y a 100 ans. En décrivant votre série *Illusion Horizon*, vous citez un extrait du poème *Sonata y destrucciones* de Pablo Neruda et vous parlez de la terre qui traverse des régions inconnues, du sol qui se détache et se reforme constamment pour arriver à de nouvelles incarnations de la ruine et du renouveau. Cela m'a frappé, c'est quelque chose que je ressens dans votre travail : une reconnaissance de la ruine et du renouveau. Quoi qu'il en soit, quelque chose va mourir, périr, changer ou être englouti, mais quelque chose va aussi émerger de tout cela.

MS : J'adore ça aussi. L'une des choses que j'ai remarquées en travaillant à l'extérieur pendant l'une des journées les plus froides, alors que je suis assis sur un banc de neige et de glace, c'est l'immobilité, le silence complet. Après une heure ou deux, mes sens deviennent très conscients de la présence de la terre

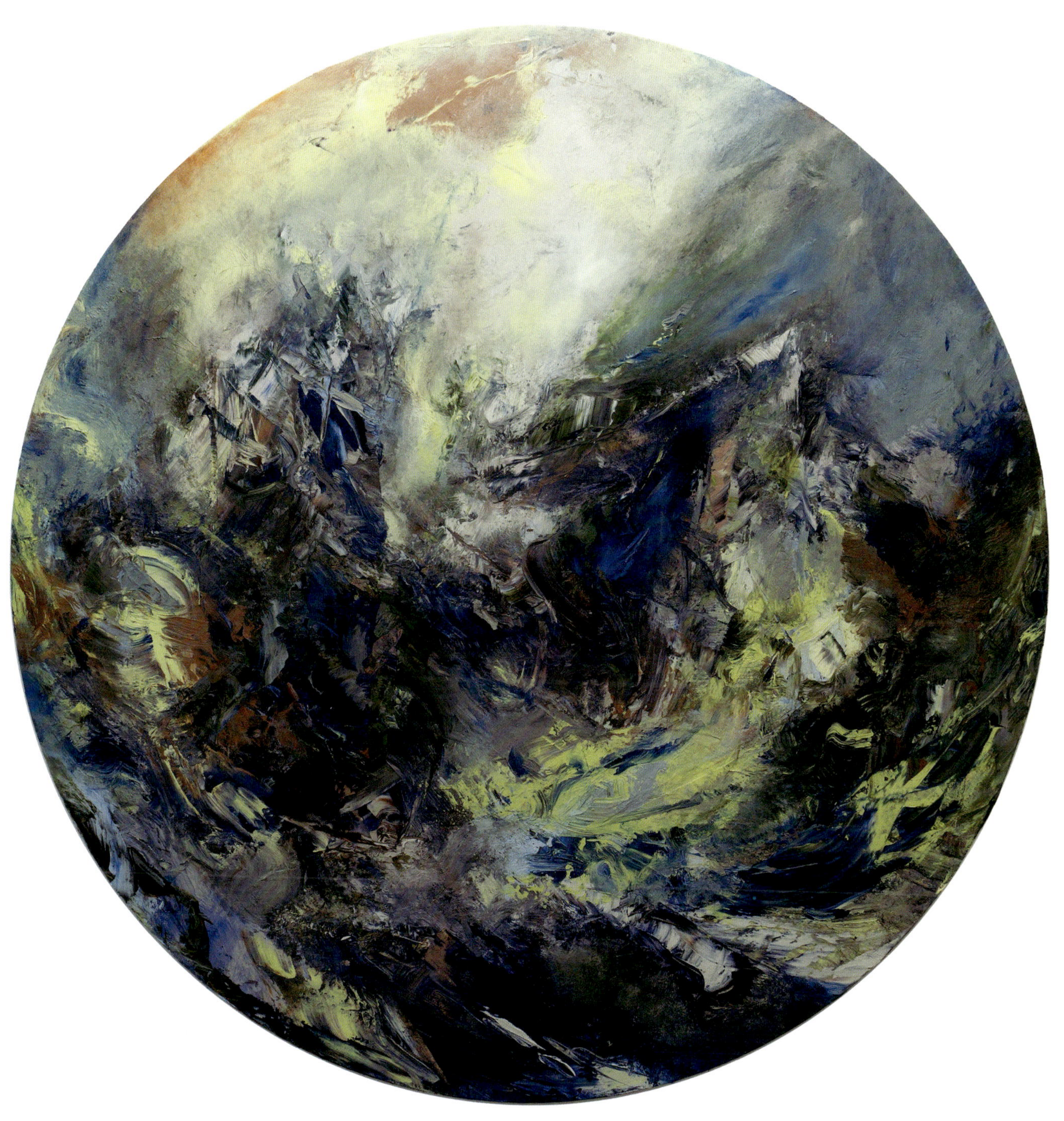

A Whirled and a World, 2019

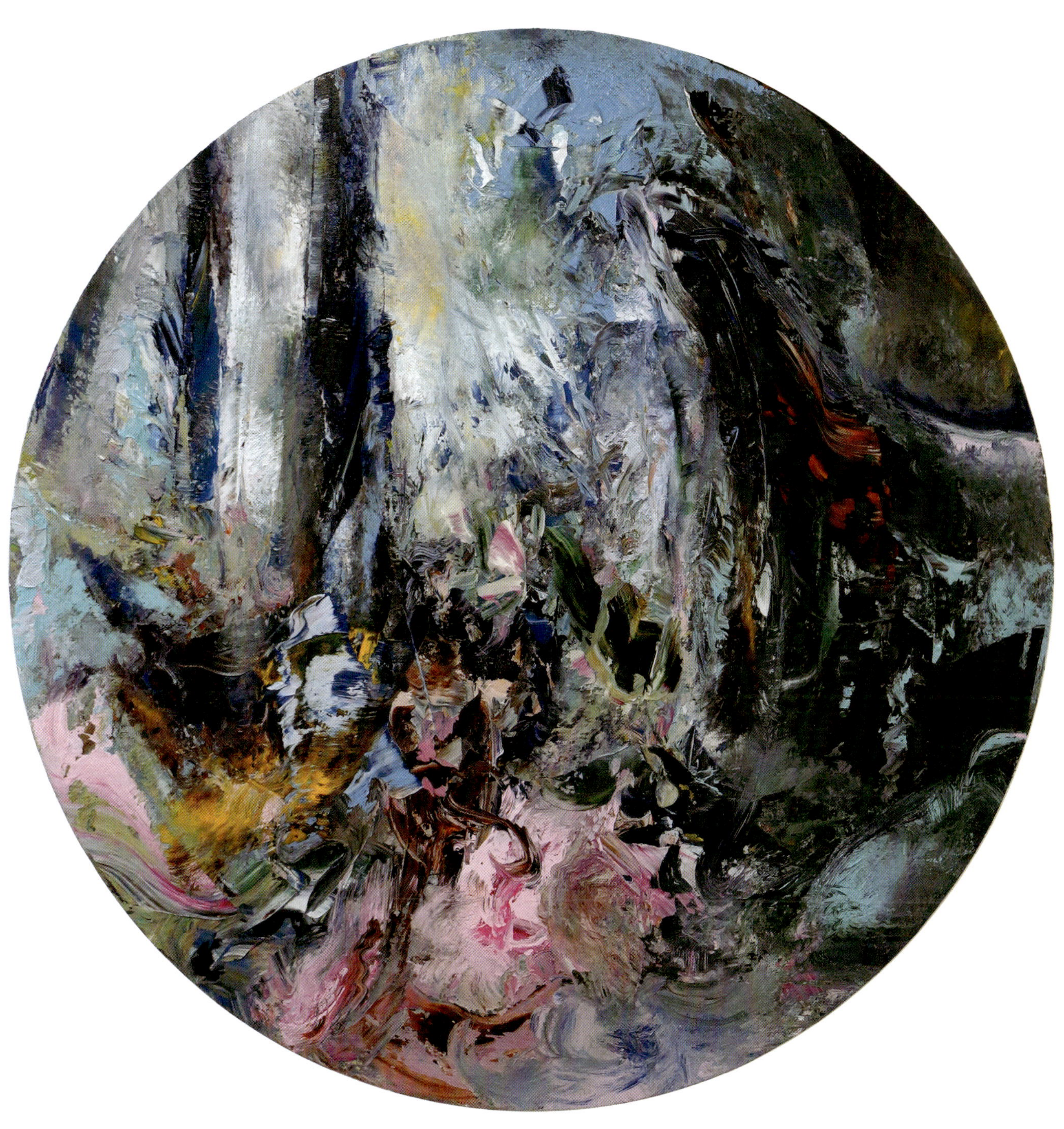

Light in Fathoms, 2018

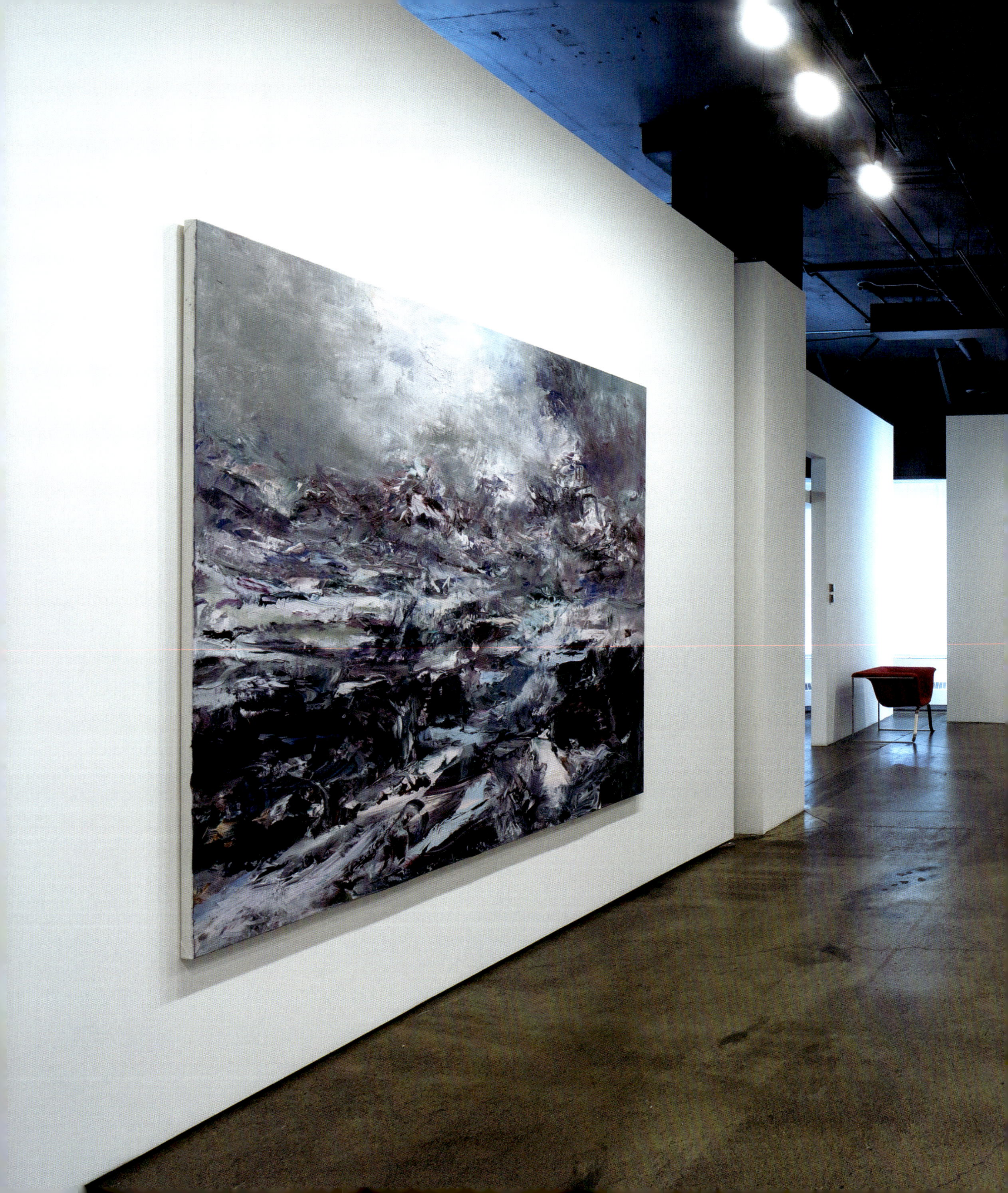

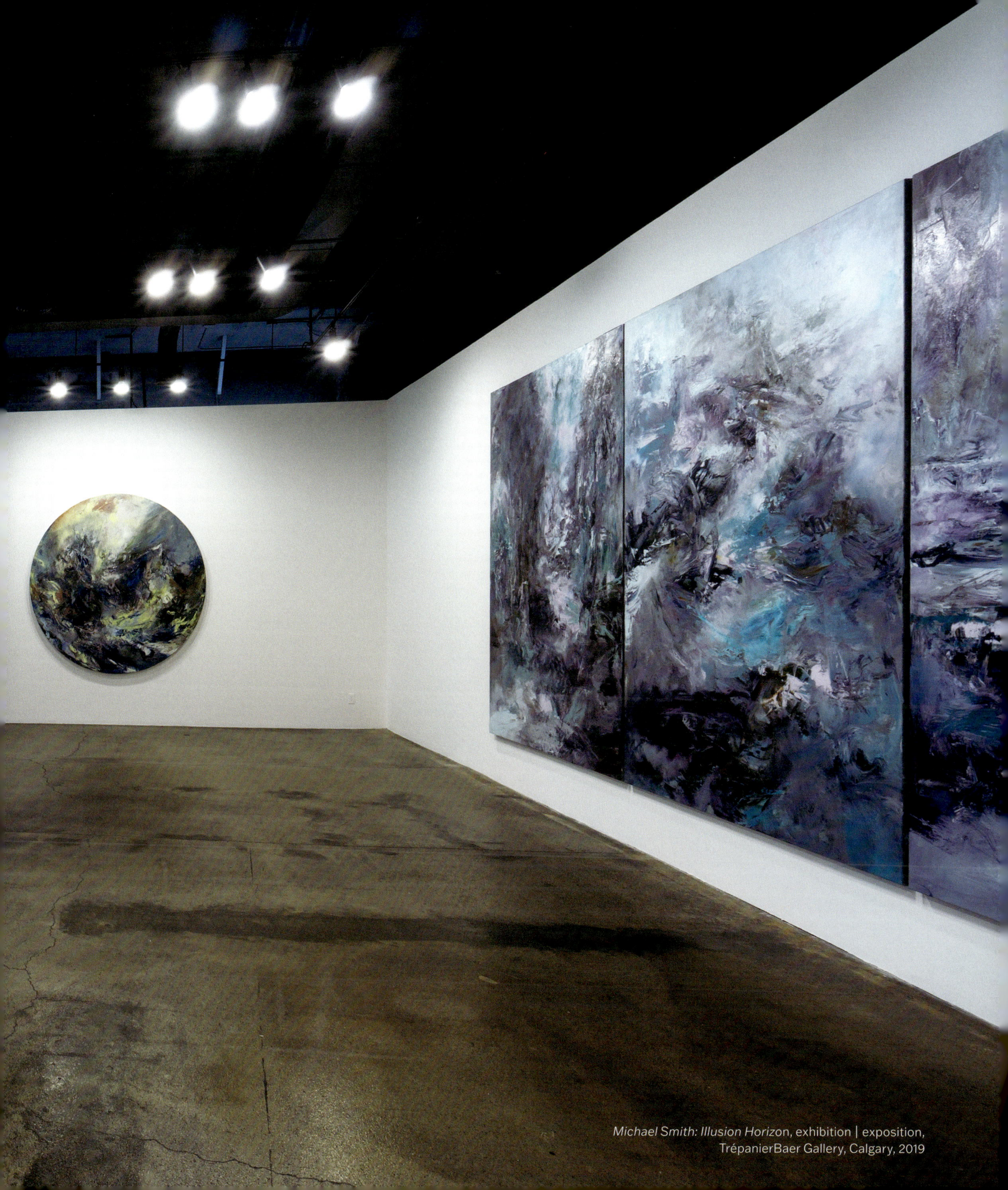

Michael Smith: Illusion Horizon, exhibition | exposition, TrépanierBaer Gallery, Calgary, 2019

JL: It definitely is there. And with the idea that the only constant is change, these speak to that. The feeling of dynamism in your art, that we're observing something that if we turned away and looked back, your paintings would be different a second later. Whereas if I look at the Chambers painting, it's chronologically frozen. It will always depict the same thing.

MS: Right.

JL: Your paintings feel like they embody a millisecond of something happening. It's as if you are actually depicting time rather than a delineated event.

MS: One of the things I could wish upon the viewer would be that you are caught up in making the painting come alive. I try and keep the mark a millisecond away from completion, so that you're still nudged into thinking that you are part of that fugitive endeavour of making it work.

JL: So, in your mind, the painting is still becoming.

MS: Yes, exactly. If I could do that, it would be fantastic.

JL: I absolutely think you do. There's a sense of — I don't want to use the term "unfinished" because your works are, of course, complete, but there seems to be an intentional randomness there. The canvases feel like there's a cloud moving in, whether it's about to burst or change — it's something that's there.

MS: Yes, exactly. So, when you climb and reach cloud level and you realize that a cloud is not this thing that's moving along cartoon-like but it's forming, re-forming, vanishing, and reappearing. All of that is part of how I think about making paintings.

JL: You wrote about "where sky and ground migrate across the surface." In your work, we're witnessing a migration.

MS: Yes.

JL: Speaking of your surfaces, do the large multiple-panel works imply somewhat of a film strip? The idea that when there's multiple frames within a strip, that there

sous la neige qui se déplace de façon complexe comme le lent mouvement des racines, un sentiment de régénération de la vie. J'espère que ce sentiment de renouveau fait partie de ce que j'apporte aux tableaux.

JL : C'est tout à fait le cas. Ces œuvres en témoignent, avec l'idée que la seule constante, c'est le changement. La sensation de dynamisme dans votre art, le fait que nous observons quelque chose qui serait différent si nous détournons le regard une seule seconde, alors que si je contemple le tableau de Chambers, il est chronologiquement figé. Il représentera toujours la même chose.

MS : C'est vrai.

JL : Vos peintures donnent l'impression d'incarner une milliseconde d'un événement. C'est comme si vous représentiez le temps plutôt qu'un événement circonscrit.

MS : L'une des choses que j'aimerais souhaiter au spectateur, c'est qu'il soit contraint de donner vie au tableau. J'essaie de rester à une milliseconde de l'achèvement, de sorte qu'il soit poussé à croire qu'il participe à cet effort fugace de le compléter.

JL : Donc, dans votre esprit, la peinture est toujours en devenir.

MS : Oui, exactement. Si je pouvais y arriver, ce serait fantastique.

JL : Moi, je suis sûr que vous y parvenez. Il y a une impression d'« inachevé » – même si je ne veux pas utiliser le terme parce que vos œuvres sont, bien sûr, complètes –, mais il semble qu'il y a un hasard intentionnel. Les toiles donnent l'impression qu'un nuage se déplace, qu'il est sur le point d'éclater ou de se transformer. C'est quelque chose qui est là.

MS : Oui, exactement. Ainsi, quand on monte et qu'on atteint le niveau des nuages, on se rend compte qu'un nuage ne se déplace pas comme dans un dessin animé, mais qu'il se forme, se reforme, disparaît et réapparaît. Tout ça fait partie de ma façon de concevoir la peinture.

JL : Vous avez écrit « là où le ciel et le sol migrent à travers la surface ». Dans votre travail, nous assistons à une migration.

MS : Oui.

JL : À propos de la surface de vos peintures, les grandes œuvres à panneaux multiples évoquent-elles une bande de pellicule ?

could be more? It implies that the scene or event keeps going, where if there was only one, it's contained.

MS: If the implication is that it could be part of a longer exploration laterally out on both sides, I think that could be really exciting. I want the paintings in the exhibition to envelop the viewer. I want the viewer to be surrounded by the work in such a way that when they step back, they step into the pretend space of the work behind them.

JL: Where does the white space of the wall come in? Thinking about the exhibition itself, the absence of painting is as important as the painting itself.

MS: I've thought about having space between them because I think they require a lot of room. I know that with the maquettes of the gallery I've made, these works seem to need space. If I put the paintings too close together, they tend to occlude each other.

JL: And there's a distance here, a difference, but there's a harmony between the two. You can tell they're meant to be together.

MS: They're meant to be together. It's something I'd been longing to explore since my residency at the Beaverbrook Art Gallery in 2018.

L'idée que lorsqu'il y a plusieurs images sur une bande, il pourrait y en avoir plus? Cela implique que la scène ou l'événement se poursuit, alors que s'il n'y avait qu'un panneau, ce serait contenu.

MS : Je pense que ça serait très excitant si cela implique que le tableau pourrait faire partie d'une exploration qui se prolonge de part et d'autre. Je veux que les œuvres de l'exposition enveloppent le spectateur. Je veux qu'il soit entouré par elles de telle sorte que lorsqu'il recule, il pénètre dans l'espace fictif du tableau qui se trouve derrière lui.

JL : Où intervient l'espace blanc du mur? En ce qui concerne l'exposition elle-même, l'absence de tableau est aussi importante que le tableau lui-même.

MS : J'ai pensé à créer un espace entre les œuvres, car selon moi, elles ont besoin de beaucoup de place. Je sais qu'avec les maquettes du musée que j'ai réalisées, ces œuvres semblent avoir besoin d'espace. Si je les accroche trop près les unes des autres, elles ont tendance à s'oblitérer mutuellement.

JL : Et puis il y a une distance ici, une différence, mais il y a une harmonie entre les deux. On comprend qu'elles sont faites pour être ensemble.

MS : C'est le cas. C'est quelque chose que j'avais envie d'explorer depuis ma résidence au Musée des beaux-arts Beaverbrook en 2018.

 (opposite and following pages | ci-contre et pages suivantes)
Overfalls (detail | détail), 2023 (triptych | triptyque)

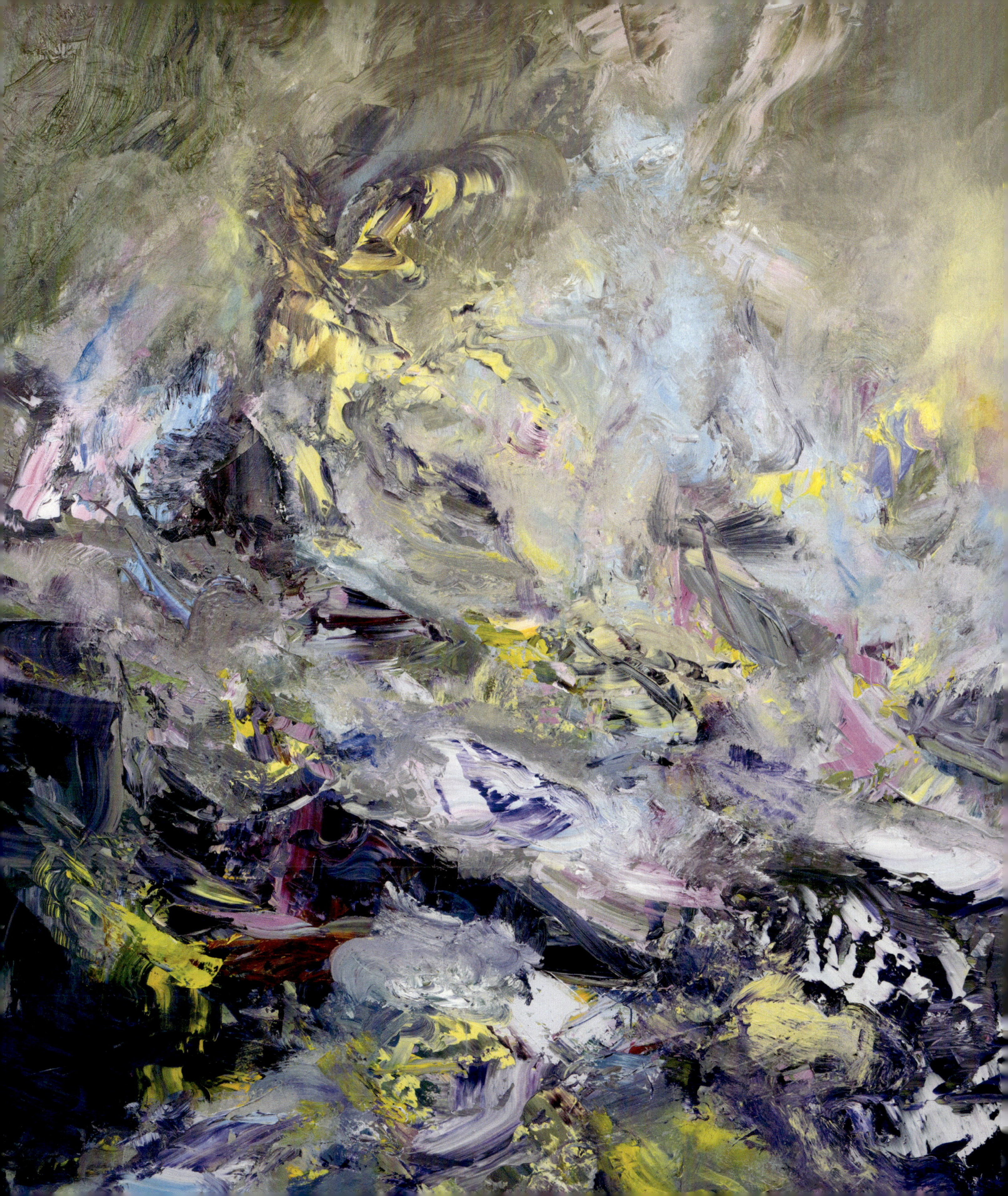

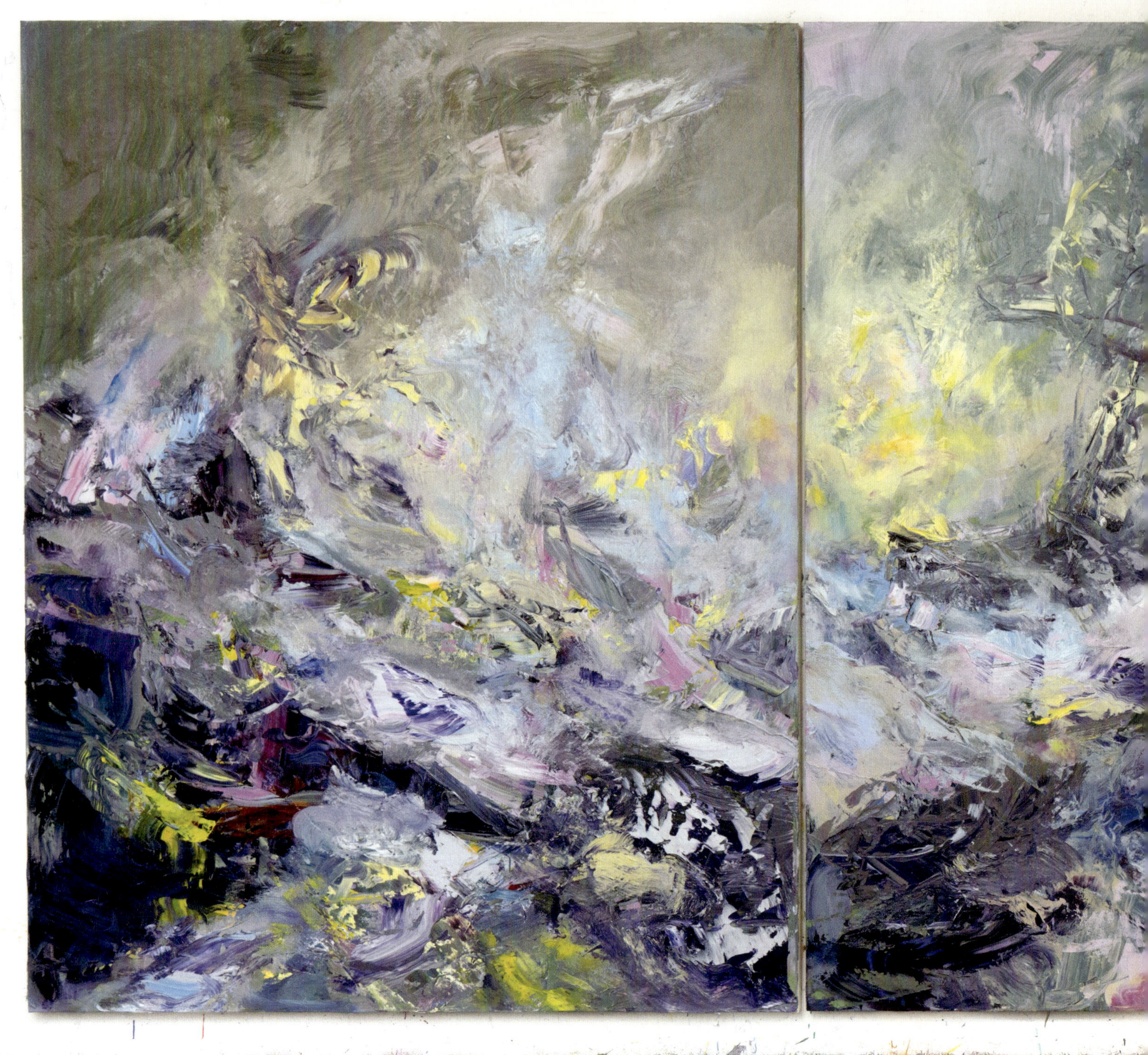

Overfalls, 2023 (triptych | triptyque)

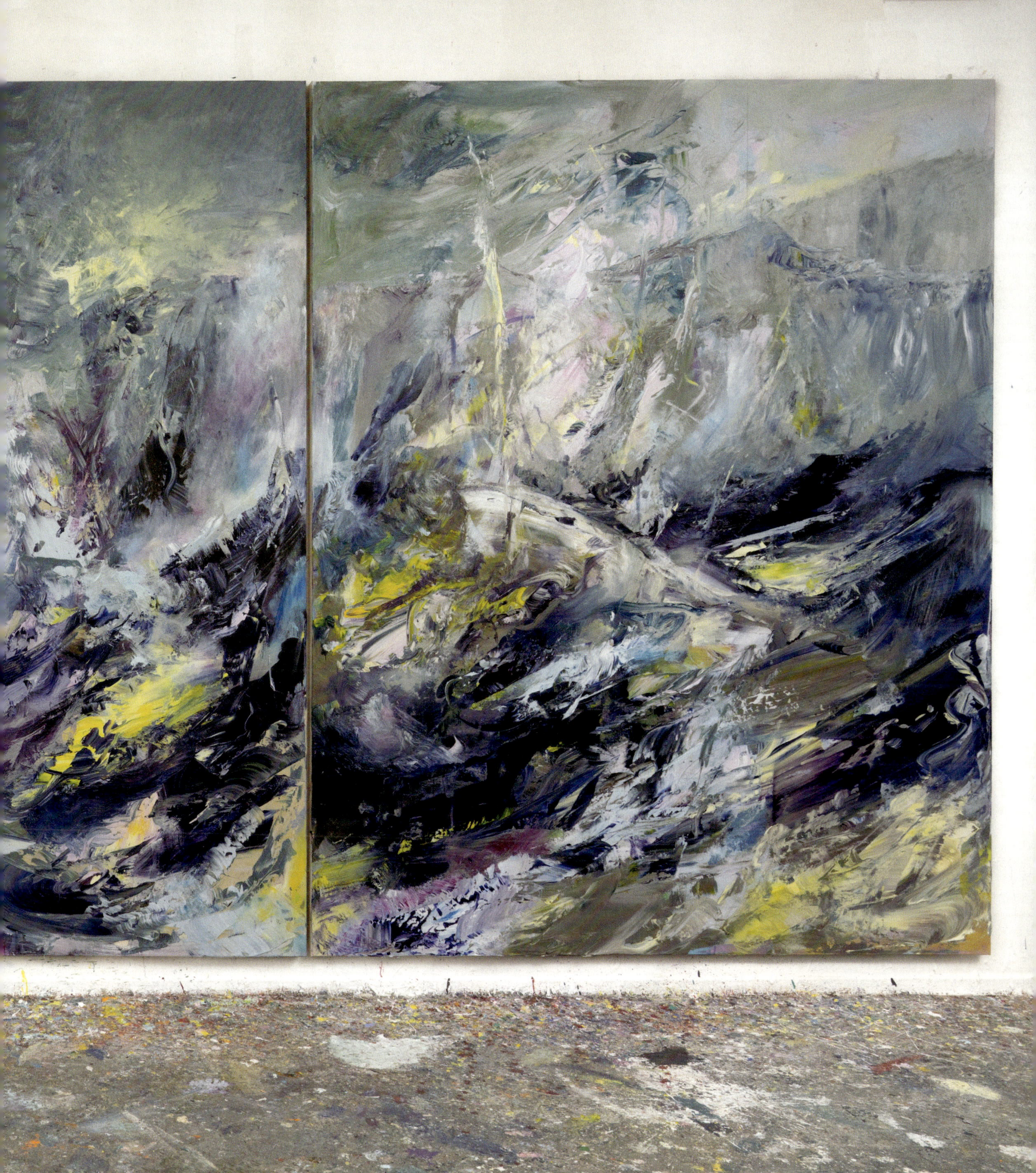

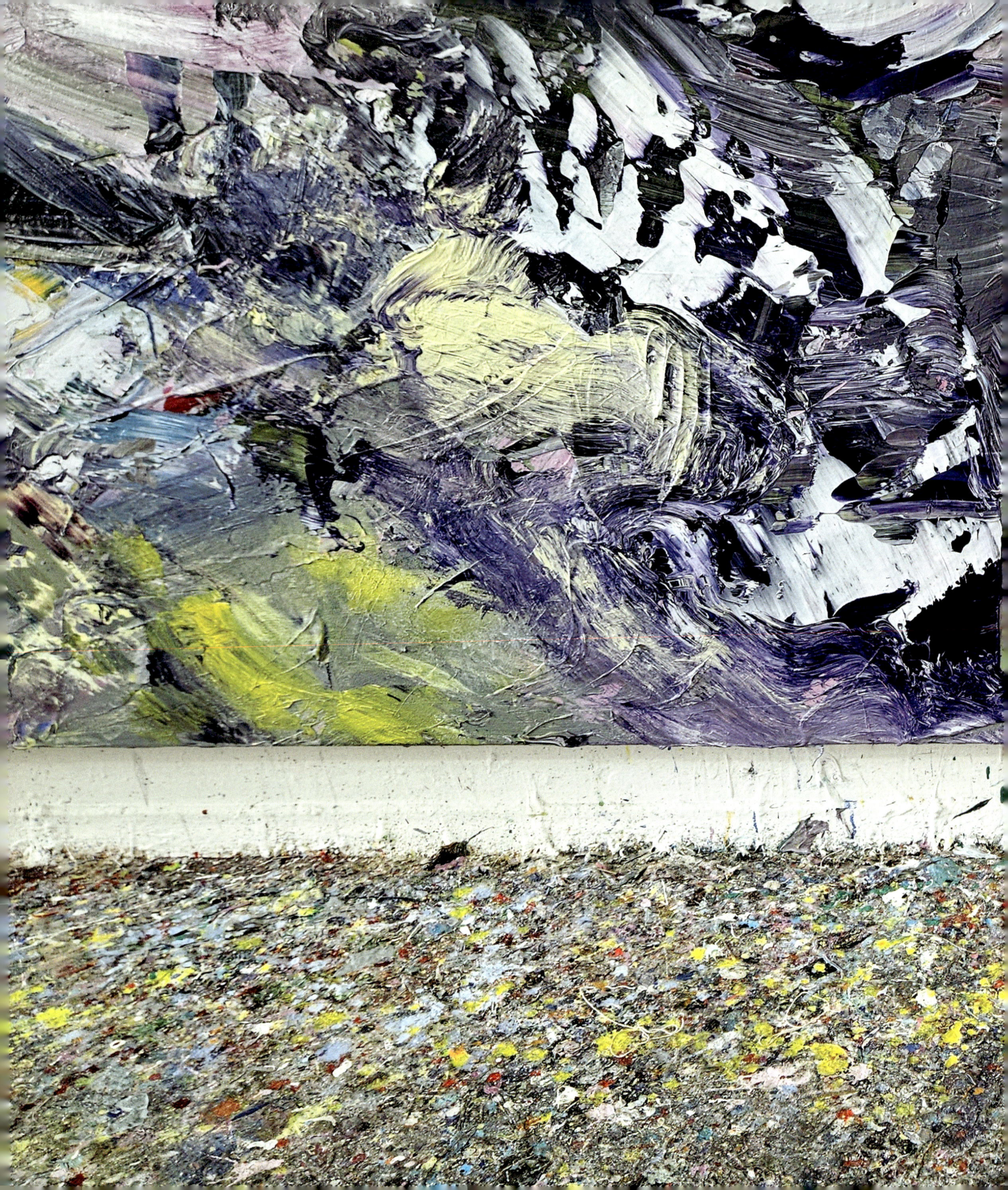

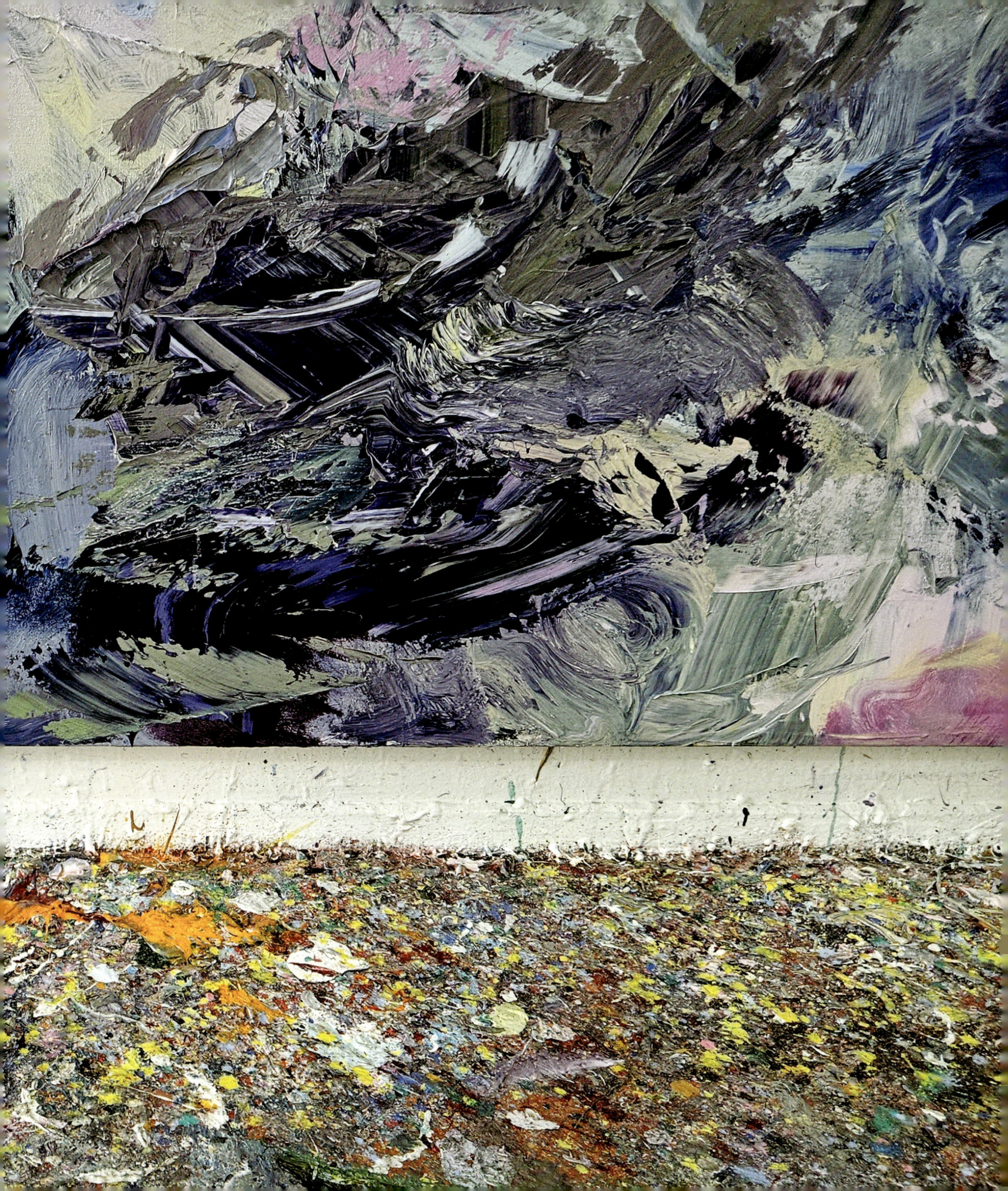

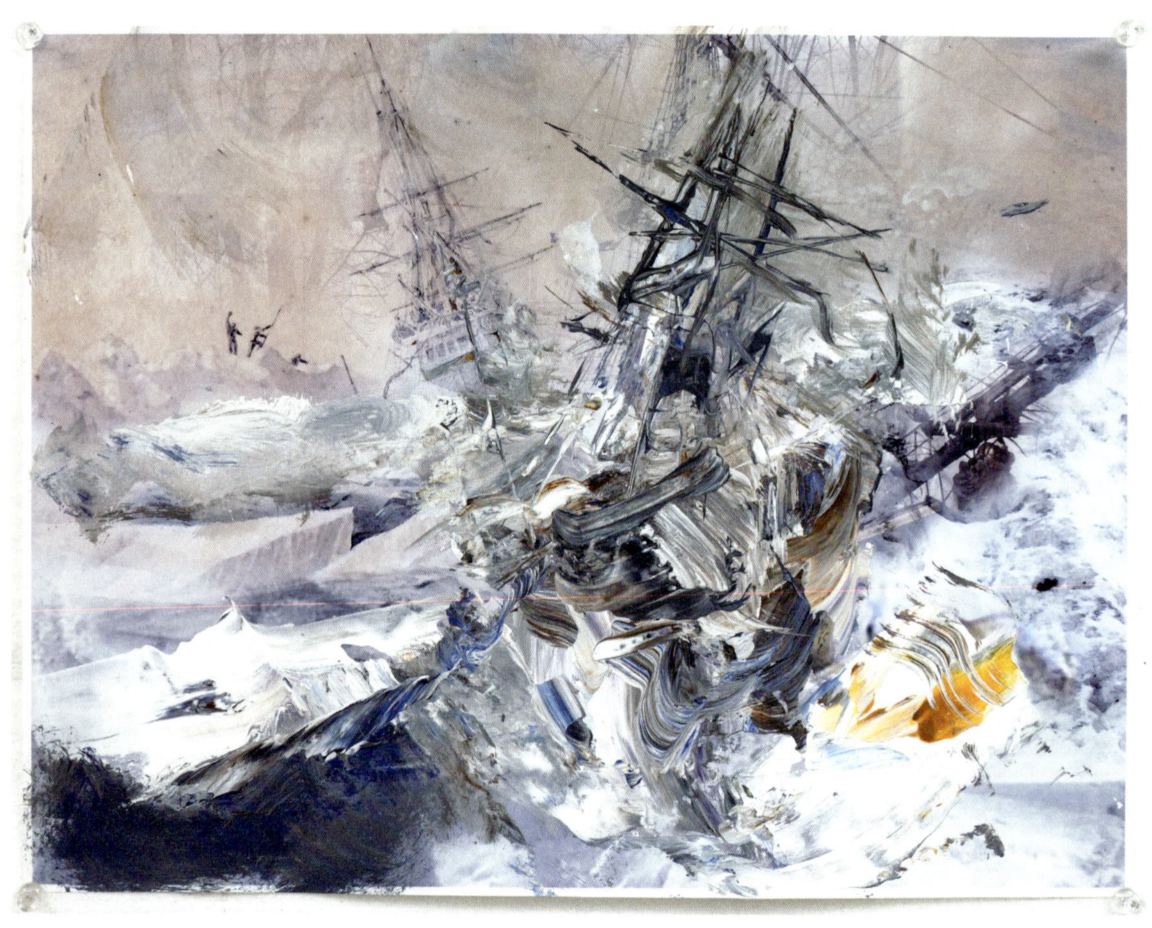

 Study | Étude, 2022

Acknowledgements

I would like to thank everyone at the Beaverbrook Art Gallery for making this exhibition possible. To Adda Mihailescu for inviting me to the Bruno Bobak Artist-in-Residence Studio in 2018 and to the late Jeffrey Spalding whose curatorial vision set things in motion.

I would also like to thank my galleries and their associates across Canada whose support and dedication to my work over the years have been unwavering:

Nicholas Metivier Gallery, Toronto: Nicholas Metivier, Sarah Massie, Carly Shiff, Charlotte Metivier, and Shakuntala Fernandopulle

TrépanierBaer Gallery, Calgary: Yves Trépanier, Kevin Baer, and Judy Ciccaglione

Michael Gibson Gallery, London, Ontario: Michael Gibson and Jennie Kraehling

Art45, Montreal: Serge Vaisman

Thanks to Lorraine Simms for her inspirational words in the wonderful "looking rooms" of our studios.

Thanks to Goose Lane Editions for bringing their skill and expertise in designing and publishing this catalogue. To John Leroux of the Beaverbrook for not only providing experience and guidance through the various stages in preparation for this endeavour but also for his critical and insightful questions for the catalogue interview. And finally, to Nancy Tousley: it was an honour for me to participate in the conversations and correspondences, not only over the last few months but also from our many conversations from past meetings and exhibitions on my visits to Calgary. Your wonderful text truly illuminates the pages of this catalogue. Thank you.

Remerciements

J'aimerais remercier toute l'équipe du Musée des beaux-arts Beaverbrook d'avoir rendu cette exposition possible. Merci à Adda Mihailescu de m'avoir invité à l'atelier d'artiste en résidence *Bruno Bobak* en 2018 et merci au regretté commissaire Jeffrey Spalding dont la vision a mis les choses en branle.

Je tiens également à remercier les galeries et leurs associés à travers le Canada, dont le soutien et le dévouement au fil des ans ont été indéfectibles :

La Nicholas Metivier Gallery, à Toronto : Nicholas Metivier, Sarah Massie, Carly Shiff, Charlotte Metivier et Shakuntala Fernandopulle ;

La TrépanierBaer Gallery, à Calgary : Yves Trépanier, Kevin Baer et Judy Ciccaglione ;

La Michael Gibson Gallery, à London : Michael Gibson et Jennie Kraehling ;

La galerie Art45, à Montréal : Serge Vaisman

Merci à Lorraine Simms pour ses paroles inspirantes dans les merveilleux « champs du regard » de nos ateliers.

Merci aux éditions Goose Lane d'avoir mis les compétences et l'expertise de son équipe au service de la conception et de la publication de ce catalogue. Je suis reconnaissant à John Leroux, du Beaverbrook, non seulement pour son expérience et ses conseils lors des différentes étapes de la préparation de cette aventure, mais aussi pour ses questions critiques et perspicaces lors de l'entretien réalisé pour le catalogue. Enfin, je remercie Nancy Tousley. Ce fut un honneur pour moi de prendre part à nos conversations et nos échanges par écrit, non seulement au cours des derniers mois, mais aussi à l'occasion de nos nombreuses réunions et expositions à Calgary. Votre merveilleux texte illumine les pages de ce catalogue et je vous en remercie.

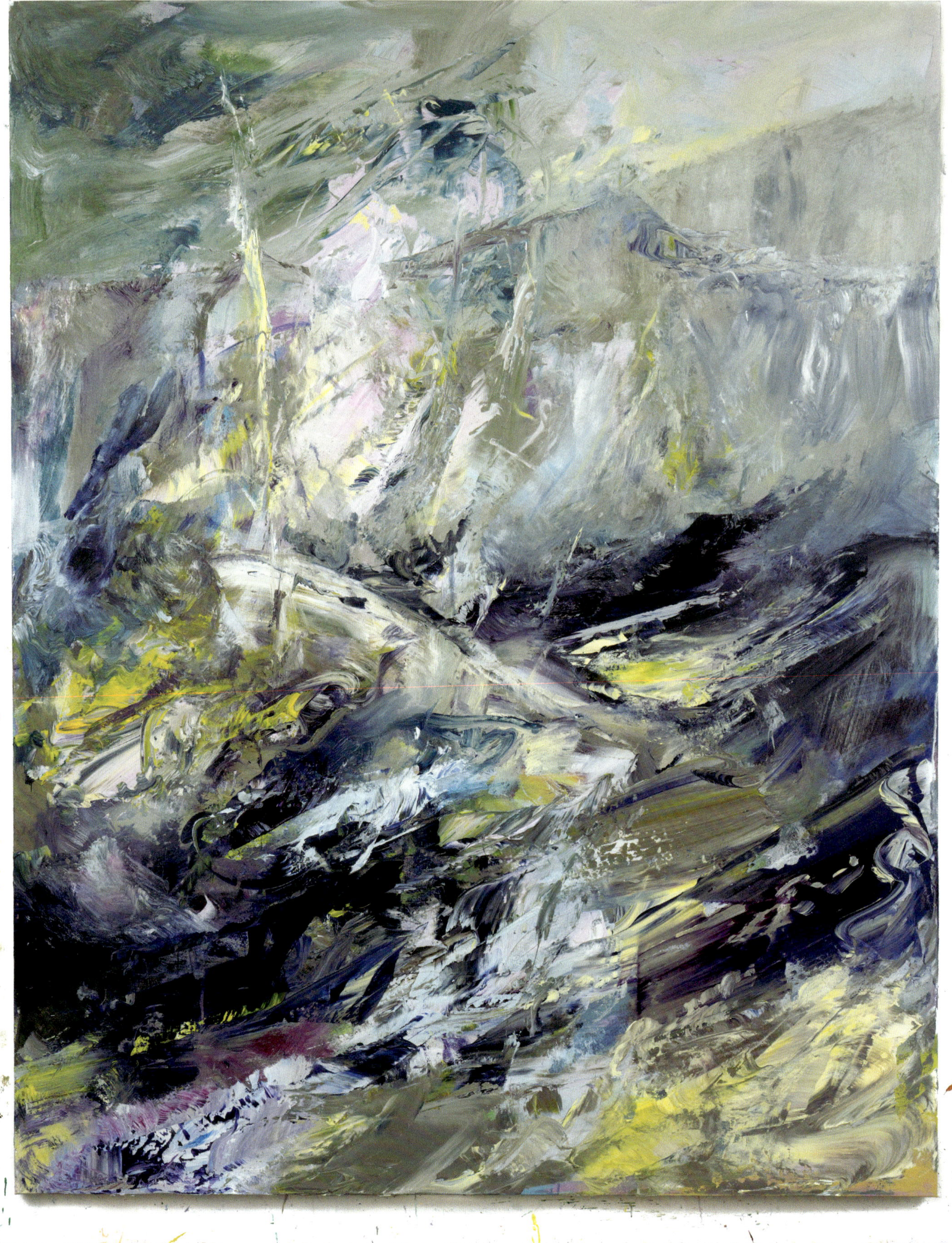

Artist biography

Michael Smith lives and works in the unceded Indigenous lands of Tiohtià:ke/Montreal. Since 1981, his paintings have been exhibited across Canada and internationally, including the Appleton Museum of Art, Ocala, Florida; Galerie Damasquine, Brussels; the Saidye Bronfman Centre (now the Segal Centre for Performing Arts), Montreal; the Kaohsiung Museum of Fine Arts, Taiwan; and the Beaverbrook Art Gallery, Fredericton.

He completed his MFA from Concordia University, Montreal, in 1983. Reviews and essays of Smith's work have appeared in many journals and art magazines, including *ARTnews*, *MODERN PAINTERS*, *Canadian Art*, and *Border Crossings*. His work was also featured in the Established Artists section of the Magenta Foundation's 2008 book *Carte Blanche v.2 Painting*, a survey text on the current state of painting in Canada.

Michael Smith's work can be found in the permanent collections of the Musée d'art contemporain de Montréal; Musée des beaux-arts de Montréal; Musée national des beaux-arts du Québec; Tom Thomson Memorial Art Gallery, Owen Sound; the Beaverbrook Art Gallery, Fredericton; the Glenbow Museum, Calgary; the Art Gallery of Nova Scotia, Halifax. Several of his works belong to the Canadiana Collection, including works at Rideau Hall and the Citadelle in Quebec City.

His work is regularly exhibited across Canada and is represented by the Nicholas Metivier Gallery, Toronto; TrépanierBaer Gallery, Calgary; and the Michael Gibson Gallery, London, Ontario.

Biographie de l'artiste

Michael Smith vit et travaille sur les terres autochtones non cédées de Tiohtià:ke/Montréal. Depuis 1981, ses peintures sont exposées au Canada et à l'étranger, notamment au Appleton Museum of Art à Ocala, en Floride ; à la Galerie Damasquine, à Bruxelles ; au Centre Saidye Bronfman, à Montréal ; au Kaohsiung Museum of Fine Arts, à Taïwan ; ainsi qu'au Musée des beaux-arts Beaverbrook, à Fredericton.

Michael Smith a obtenu sa maîtrise en beaux-arts à l'Université Concordia, à Montréal, en 1983. Des critiques et des essais sur le travail de Smith ont été publiés dans de nombreuses revues et nombreux magazines d'art, notamment *ARTnews*, *MODERN PAINTERS*, *Canadian Art* et *Border Crossings*. Son travail a également été présenté dans la section « Artistes établis » du livre *Carte Blanche v.2 Painting*, publié en 2008 par la Fondation Magenta, un survol sur l'état actuel de la peinture au Canada.

Les œuvres de Michael Smith font partie des collections permanentes du Musée d'art contemporain de Montréal ; du Musée des beaux-arts de Montréal ; du Musée national des beaux-arts du Québec ; de la Tom Thomson Art Gallery, à Owen Sound ; du Musée des beaux-arts Beaverbrook, à Fredericton ; du Glenbow Museum, à Calgary ; et de l'Art Gallery of Nova Scotia, à Halifax. Plusieurs de ses œuvres font partie de la collection Canadiana, notamment à Rideau Hall et à la Citadelle de Québec.

Son travail est régulièrement exposé dans tout le Canada et il est représenté par la Nicholas Metivier Gallery à Toronto, la TrépanierBaer Gallery à Calgary, et la Michael Gibson Gallery à London.

Overfalls (detail | détail), 2023 (triptych | triptyque)

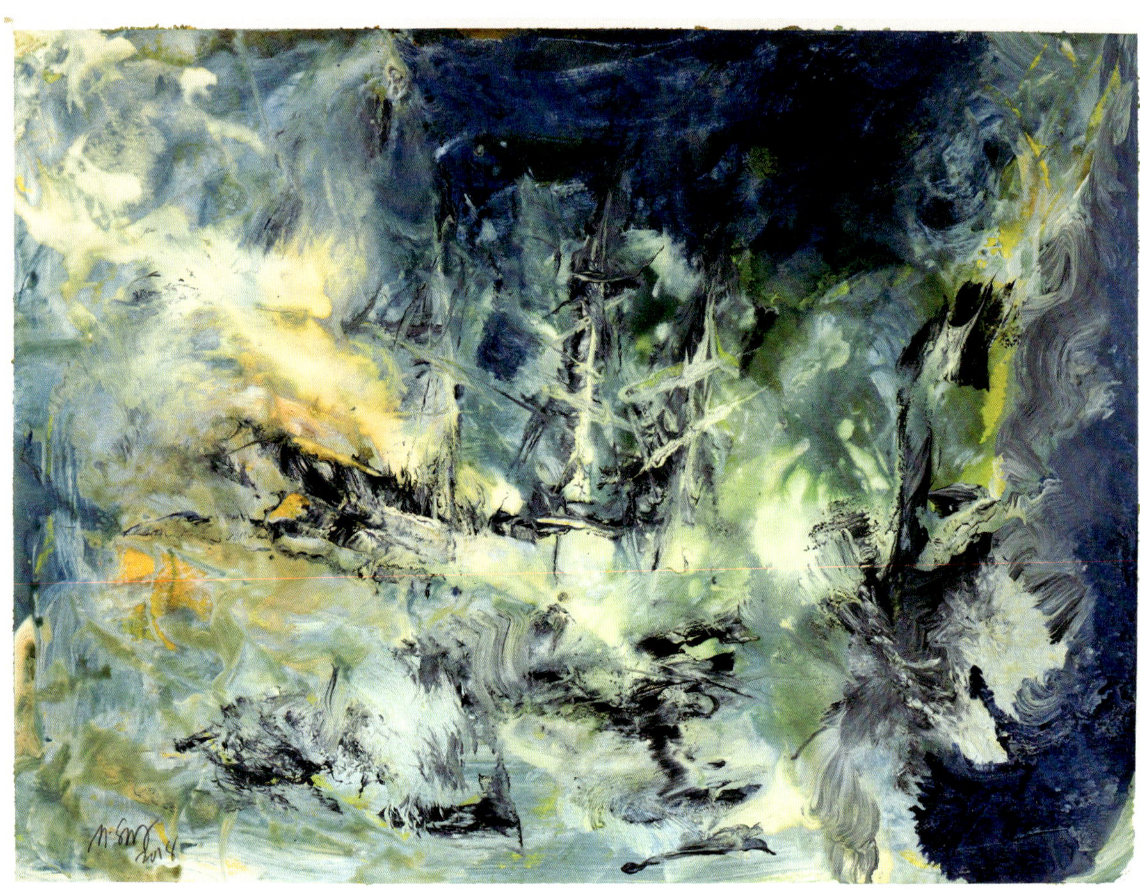

 Study | Étude, 2018

Contributors

JOHN LEROUX has practised in the fields of art history, architecture, visual art, curation, and education. He is currently the Manager of Collections and Exhibitions at the Beaverbrook Art Gallery. He holds a bachelor of architecture degree from McGill University, a master's in art history from Concordia University, and a PhD in history from the University of New Brunswick. He was a team member of Canada's entry at the 2012 Venice Biennale in Architecture, and he has taught at the University of New Brunswick, the New Brunswick College of Craft and Design, and St. Thomas University. He is the author or editor of eighteen books on architecture and visual culture, including *Wabanaki Modern/Moderne/Kiskukewey*, *Peter Powning: A Retrospective/Une Retrospective*, and *The Lost City: Ian MacEachern's Photographs of Saint John*.

NANCY TOUSLEY, recipient of the Governor General's Award for Visual and Media Arts for outstanding contribution, is a nationally known senior art critic, arts journalist, and independent curator. Based in Calgary, she was the art critic of the *Calgary Herald* for thirty years, as well as a contributing editor to *Canadian Art* magazine, for which she wrote regularly. She contributes regularly to *Border Crossings* magazine and has written essays for more than sixty public art gallery and museum catalogues and books. A graduate of Vassar College, she is originally from New Orleans, Louisiana, and has lived in Canada since 1975.

Collaborateurs

JOHN LEROUX a travaillé dans les domaines de l'histoire de l'art, de l'architecture, des arts visuels, de la conservation et de l'éducation. Il est actuellement directeur des collections et des expositions au Musée des beaux-arts Beaverbrook. Il est titulaire d'un baccalauréat en architecture de l'Université McGill, d'une maîtrise en histoire de l'art de l'Université Concordia et d'un doctorat en histoire de l'Université du Nouveau-Brunswick. Il a fait partie de l'équipe de la Biennale d'architecture de Venise en 2012 et a enseigné à l'Université du Nouveau-Brunswick, au Collège d'artisanat et de design du Nouveau-Brunswick et à l'Université St. Thomas. Il a écrit ou édité 18 ouvrages sur l'architecture et la culture visuelle, dont *Wabanaki Modern/Moderne/Kiskukewey*, *Peter Powning: A Retrospective/Une Retrospective* et *The Lost City: Ian MacEachern's Photographs of Saint John*.

NANCY TOUSLEY, lauréate du Prix du Gouverneur général pour les arts visuels et médiatiques pour sa contribution exceptionnelle, est une critique d'art, journaliste et conservatrice indépendante de renommée nationale. Établie à Calgary, elle a été critique d'art au *Calgary Herald* pendant 30 ans, ainsi que rédactrice en chef du magazine *Canadian Art*, pour lequel elle écrivait régulièrement. Elle collabore régulièrement au magazine *Border Crossings* et a rédigé des essais pour une soixantaine de catalogues et livres publiés par des galeries d'art publiques et des musées. Diplômée du Vassar College, elle est originaire de la Nouvelle-Orléans, en Louisiane, et vit au Canada depuis 1975.

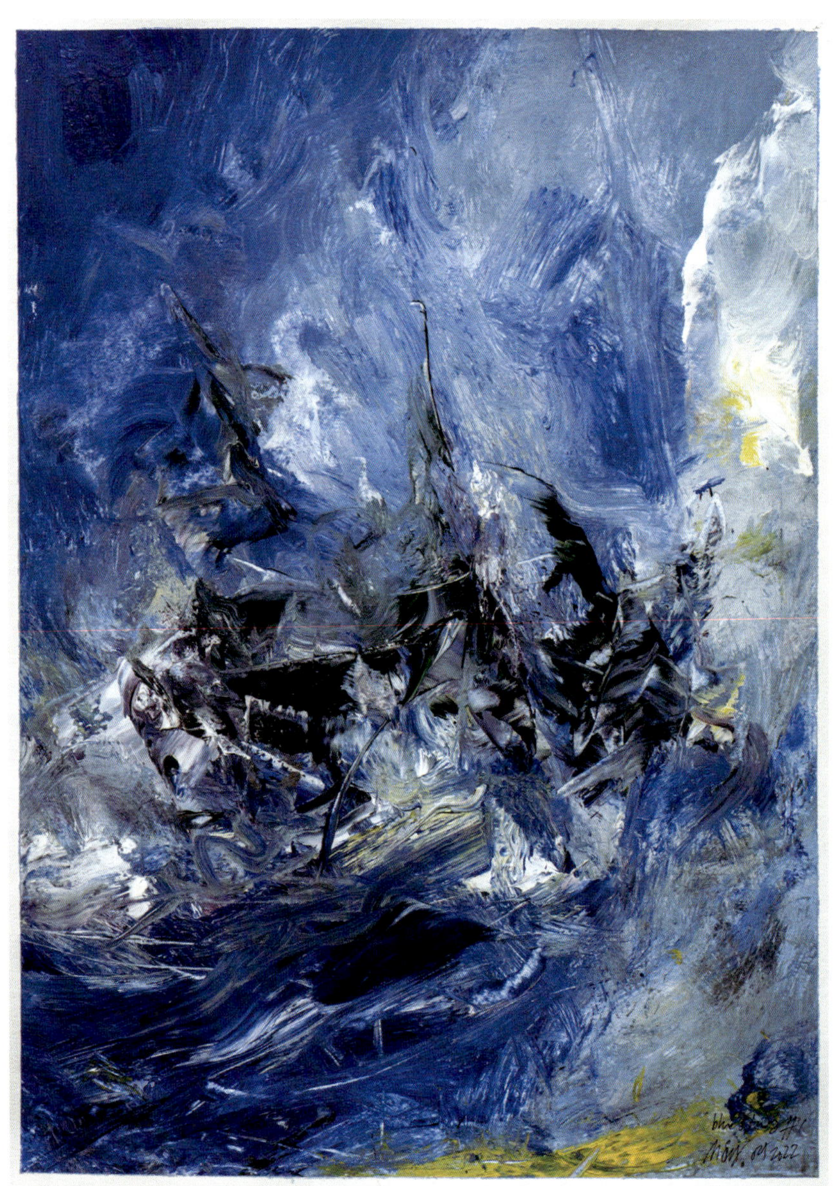

 Study for | Étude pour *Collide*, 2022

List of works

*indicates works featured in the accompanying exhibition.
All works in the collection of the artist unless otherwise noted.

MICHAEL SMITH
Treading Water, Hobbema's Light, 1995
acrylic on canvas
121.9 × 152.4 cm
Private collection
Photo: Kevin Baer
(p. 28)

Cradle of Words, 2005
acrylic on canvas
259.1 × 381 cm
Photo: Daniel Roussel
(pp. 36–37)

Explosion, 2005
acrylic on canvas
132.1 × 203.2 cm
Collection of the Beaverbrook Art Gallery. Gift of the Artist
Photo: Beaverbrook Art Gallery
(p. 63)

The Burning, 2009
acrylic on canvas
203.2 × 259.1 cm
Private collection
Photo: Daniel Roussel
(p. 67)

Acts 13–18, 2012
oil on board
40.6 × 40.6 cm each
Courtesy of the artist and Art45
Photo: Paul Litherland
(pp. 40–41)

Atlantic, 2018
acrylic on canvas
152.4 × 243.8 cm
Photo: Paul Litherland
(p. 42–43)

Rogue, 2018
acrylic on canvas
193 × 238.8 cm
Private collection
Photo: Michael Smith
(p. 49)

Light in Fathoms, 2018
acrylic on canvas
127 cm diameter
Courtesy of the artist and Michael Gibson Gallery
Photo: Jennie Kraehling
(p. 91)

Moment of Silence, 2018
acrylic on canvas
132.1 × 162.6 cm
Private collection
Photo: Michael Smith
(p. 35)

*Study, 2018
mixed media on paper
50.8 × 66 cm
Photo: Paul Litherland
(p. 106)

Crossing, 2019 (triptych)
acrylic on canvas
228.6 × 629.9 cm
Private collection
Photo: Joseph Hartman
(pp. 20, 32)

**Le Passage*, 2019 (triptych)
acrylic on canvas
274.3 × 609.6 cm
Photo: Paul Litherland
(pp. 66, 113)

Perennial Drift, 2019
acrylic on canvas
152.4 × 182.9 cm
Private collection
Photo: Kevin Baer
(p. 55)

A Whirled and a World, 2019
acrylic on canvas
208.3 cm diameter
Courtesy of the artist and TrépanierBaer Gallery
Photo: Kevin Baer
(p. 89)

The Work of Water, 2019
acrylic on canvas
208.3 × 228.6 cm
Private collection
Photo: Kevin Baer
(p. 53)

Fool's Gold, 2020
acrylic on canvas
172.7 × 162.6 cm
Private collection
Photo: Michael Smith
(p. 85)

Under Wonderland, 2020
acrylic on canvas
160 × 160 cm
Private collection
Photo: Michael Smith
(p. 81)

Entangled Ground, 2021
acrylic on canvas
137.2 × 121.9 cm
Private collection
Photo: Kevin Baer
(p. 59)

May 9th, 2022
acrylic on canvas
152.4 × 142.2 cm
Photo: Paul Litherland
(p. 33)

*Study, 2022
mixed media on paper
35.6 × 72.4 cm
Photo: Paul Litherland
(p. 102)

*Study for *Collide*, 2022
acrylic on paper
55.9 × 40.6 cm
Photo: Paul Litherland
(p. 108)

**Collide*, 2023
acrylic on canvas
228.6 × 208.3 cm
Photo: Paul Litherland
(pp. 2, 4–5)

**Fire at Sea*, 2023
acrylic on canvas
259.1 × 193 cm
Photo: Paul Litherland
(p. 71)

Navigator Series (Flare), 2023
acrylic on canvas
167.6 × 157.5 cm
Courtesy of the artist and Nicholas Metivier Gallery
Photo: Joseph Hartman
(pp. 1, 60)

**Heading*, 2023
acrylic on canvas
259.1 × 381 cm
Photo: Paul Litherland
(pp. 82–83)

**Overfalls*, 2023 (triptych)
acrylic on canvas
259.1 × 624.8 cm
Photo: Paul Litherland
(pp. 97, 98–99, 100–101, 104)

**Sea of Change*, 2023
acrylic on canvas
259.1 × 381 cm
Photo: Paul Litherland
(pp. 72–73, 74–75)

*Small Study, 2023
mixed media on paper
27.9 × 43.2 cm
Photo: Paul Litherland
(pp. 8, 13)

Squall, 2023
acrylic on canvas
182.9 × 167.6 cm
Photo: Paul Litherland
(p. 19)

*Study, 2023
Acrylic on paper
40.6 × 55.9 cm
Photo: Paul Litherland
(p. 79)

Breaking North, 2024
acrylic on canvas
172.7 × 162.6 cm
Photo: Paul Litherland
(p. 15)

Navigator Series (Portland), 2024
oil on board
45.7 × 61 cm
Courtesy of the artist
Photo: Paul Litherland
(p. 56)

Navigator Series (Ready About), 2024
acrylic on canvas
162.6 × 132.1 cm
Photo: Joseph Hartman
(p. 17)

Navigator Series (Sole), 2024
oil on board
55.9 × 76.2 cm
Photo: Paul Litherland
(p. 57)

Slipstream, 2024
acrylic on canvas
157.5 × 147.3 cm
Photo: Paul Litherland
(p. 51)

Study with Constellations, 2024
acrylic on paper
40.6 × 55.9 cm
Photo: Paul Litherland
(p. 30)

GEORGE CHAMBERS
**The Crew of HMS 'Terror' Saving the Boats and Provisions on the Night of 15th March, 1837*, 1838
oil on canvas
60.3 × 83.8 cm
Collection of the Beaverbrook Art Gallery.
Purchased with a Minister of Communications Cultural Property Grant and funds from Friends of The Beaverbrook Art Gallery.
Photo: Beaverbrook Art Gallery
(p. 10)

JOHN CONSTABLE
Scene of Woods and Water, c. 1830
oil on canvas
76.8 × 63.5 cm
Collection of the Beaverbrook Art Gallery.
Gift of Miss Olive Hosmer.
Photo: Beaverbrook Art Gallery
(p. 39)

WILLIAM SMYTH
**His Majesty's Ship TERROR August 28th 1836, Beset in the Ice, Fox Channel*, 1836
watercolour and graphite on paper
17 × 24.5 cm
Collection of the Beaverbrook Art Gallery.
Purchased with a Minister of Communications Cultural Property Grant and funds from the Estate of Mrs. Mae Atkinson Benoit.
Photo: Beaverbrook Art Gallery
(p. 78)

**Disruption of the Ice around Her Majesty's Ship TERROR. Captain Back. July, 1837*, 1837
watercolour and graphite on paper
22.9 × 29.8 cm
Collection of the Beaverbrook Art Gallery.
Purchased with a Minister of Communications Cultural Property Grant and funds from the Estate of Mrs. Mae Atkinson Benoit.
Photo: Beaverbrook Art Gallery
(p. 78)

J.M.W. TURNER
The Fountain of Indolence, 1834
oil on canvas
105.7 × 166.4 cm
Collection of the Beaverbrook Art Gallery.
Gift of the Beaverbrook Foundation.
Photo: Beaverbrook Art Gallery
(p. 44)

Liste des œuvres

* Œuvres faisant partie de l'exposition.
À moins d'indication contraire les œuvres sont de la collection de l'artiste.

MICHAEL SMITH
Treading Water, Hobbema's Light, 1995
Acrylique sur toile
121,9 × 152,4 cm
Collection privée
Photo : Kevin Baer
(page 28)

Cradle of Words, 2005
Acrylique sur toile
259,1 × 381 cm
Photo : Daniel Roussel
(pages 36–37)

Explosion, 2005
Acrylique sur toile
132,1 × 203,2 cm
Collection du Musée des beaux-arts Beaverbrook. Don de l'artiste.
Photo : Musée des beaux-arts Beaverbrook
(page 63)

The Burning, 2009
Acrylique sur toile
203,2 × 259,1 cm
Collection privée
Photo : Daniel Roussel
(page 67)

Acts 13–18, 2012
Huile sur panneaux
40,6 × 40,6 cm chacun
Avec l'autorisation de l'artiste et d'Art45
Photo : Paul Litherland
(pages 40–41)

Atlantic, 2018
acrylique sur toile
152,4 × 243,8 cm
Photo : Paul Litherland
(pages 42–43)

*Étude, 2018
Techniques mixtes sur papier
50,8 × 66 cm
Photo : Paul Litherland
(page 106)

Light in Fathoms, 2018
Acrylique sur toile
Diamètre : 127 cm
Avec l'autorisation de l'artiste et de la Michael Gibson Gallery
Photo : Jennie Kraehling
(page 91)

Moment of Silence, 2018
Acrylique sur toile
132,1 × 162,6 cm
Collection privée
Photo : Michael Smith
(page 35)

Rogue, 2018
Acrylique sur toile
193 × 238,8 cm
Collection privée
Photo : Michael Smith
(page 49)

Crossing, 2019 (triptyque)
Acrylique sur toile
228,6 × 629,9 cm
Collection privée
Photo : Joseph Hartman
(pages 20, 32)

**Le Passage*, 2019 (triptyque)
Acrylique sur toile
274,3 × 609,6 cm
Photo : Paul Litherland
(pages 66, 113)

Perennial Drift, 2019
Acrylique sur toile
152,4 × 182,9 cm
Collection privée
Photo : Kevin Baer
(page 55)

A Whirled and a World, 2019
Acrylique sur toile
Diamètre : 208,3 cm
Avec l'autorisation de l'artiste et de la TrépanierBaer Gallery
Photo : Kevin Baer
(page 89)

The Work of Water, 2019
Acrylique sur toile
208,3 × 228,6 cm
Collection privée
Photo : Kevin Baer
(page 53)

Fool's Gold, 2020
Acrylique sur toile
172,7 × 162,6 cm
Collection privée
Photo : Michael Smith
(page 85)

Under Wonderland, 2020
Acrylique sur toile
160 × 160 cm
Collection privée
Photo : Michael Smith
(page 81)

Entangled Ground, 2021
Acrylique sur toile
137,2 × 121,9 cm
Collection privée
Photo : Kevin Baer
(page 59)

*Étude, 2022
Techniques mixtes sur papier
35,6 × 72,4 cm
Photo : Paul Litherland
(page 102)

*Étude pour *Collide*, 2022
Acrylique sur papier
55,9 × 40,6 cm
Photo : Paul Litherland
(page 108)

May 9th, 2022
Acrylique sur toile
152,4 × 142,2 cm
Photo : Paul Litherland
(page 33)

**Collide*, 2023
Acrylique sur toile
228,6 × 208,3 cm
Photo : Paul Litherland
(pages 2, 4–5)

*Étude, 2023
Acrylique sur papier
40,6 × 55,9 cm
Photo : Paul Litherland
(page 79)

**Fire at Sea*, 2023
Acrylique sur toile
259,1 × 193 cm
Photo : Paul Litherland
(page 71)

Navigator Series (Flare), 2023
Acrylique sur toile
167,6 × 157,5 cm
Avec l'autorisation de l'artiste et de la Nicholas Metivier Gallery
Photo : Joseph Hartman
(pages 1, 60)

**Heading*, 2023
Acrylique sur toile
259,1 × 381 cm
Photo : Paul Litherland
(pages 82–83)

*Petite étude, 2023
Techniques mixtes sur papier
27,9 × 43,2 cm
Photo : Paul Litherland
(pages 8, 13)

**Overfalls*, 2023 (triptyque)
Acrylique sur toile
259,1 × 624,8 cm
Photo : Paul Litherland
(pages 97, 98–99, 100–101, 104)

**Sea of Change*, 2023
Acrylique sur toile
259,1 × 381 cm
Photo : Paul Litherland
(pages 72–73, 74–75)

Squall, 2023
Acrylique sur toile
182,9 × 167,6 cm
Photo : Paul Litherland
(page 19)

Breaking North, 2024
Acrylique sur toile
172,7 × 162,6 cm
Photo : Paul Litherland
(page 15)

Navigator Series (Portland), 2024
Huile sur panneau
45,7 × 61 cm
Photo : Paul Litherland
(page 56)

Navigator Series (Ready About), 2023
Acrylique sur toile
162,6 × 132,1 cm
Photo : Joseph Hartman
(page 17)

Navigator Series (Sole), 2024
Huile sur panneau
55,9 × 76,2 cm
Photo : Paul Litherland
(page 57)

Slipstream, 2024
Acrylique sur toile
157,5 × 147,3 cm
Photo : Paul Litherland
(page 51)

Study with Constellations, 2024
Acrylique sur papier
40,6 × 55,9 cm
Photo : Paul Litherland
(page 30)

GEORGE CHAMBERS
**The Crew of HMS 'Terror' Saving the Boats and Provisions on the Night of 15th March, 1837*, 1838
Huile sur toile
60,3 × 83,8 cm
Collection du Musée des beaux-arts Beaverbrook. Acquis grâce à une subvention à l'acquisition d'un bien culturel du ministre des Communications et des fonds des Amis du Musée des beaux-arts Beaverbrook.
Photo : Musée des beaux-arts Beaverbrook
(page 10)

JOHN CONSTABLE
Scene of Woods and Water, vers 1830
Huile sur toile
76,8 × 63,5 cm
Collection du Musée des beaux-arts Beaverbrook. Don de Mlle Olive Hosmer.
Photo : Musée des beaux-arts Beaverbrook.
(page 39)

WILLIAM SMYTH
**His Majesty's Ship TERROR August 28th 1836, Beset in the Ice, Fox Channel*, 1836
Aquarelle et graphite sur papier
17 × 24,5 cm
Collection du Musée des beaux-arts Beaverbrook. Acquis grâce à une subvention à l'acquisition d'un bien culturel du ministre des Communications.
Photo : Musée des beaux-arts Beaverbrook
(page 78)

**Disruption of the Ice around Her Majesty's Ship TERROR. Captain Back, July, 1837*, 1837
Aquarelle et graphite sur papier
22,9 × 29,8 cm
Collection du Musée des beaux-arts Beaverbrook. Acquis grâce à une subvention à l'acquisition d'un bien culturel du ministre des Communications et à des fonds de la succession de Mme Mae Atkinson Benoit.
Photo : Musée des beaux-arts Beaverbrook
(page 78)

J.M.W. TURNER
The Fountain of Indolence, 1834
Huile sur toile
105,7 × 166,4 cm
Collection du Musée des beaux-arts Beaverbrook. Don de la Fondation
Photo : Musée des beaux-arts Beaverbrook.
(page 44)

Photographies d'exposition et en studio droits d'auteur :
Kevin Baer (pages 92–93)
Joseph Hartman, courtesy of Nicholas Metivier Gallery (pages 6–7)
Paul Litherland (pages 22–23, 27, 64)

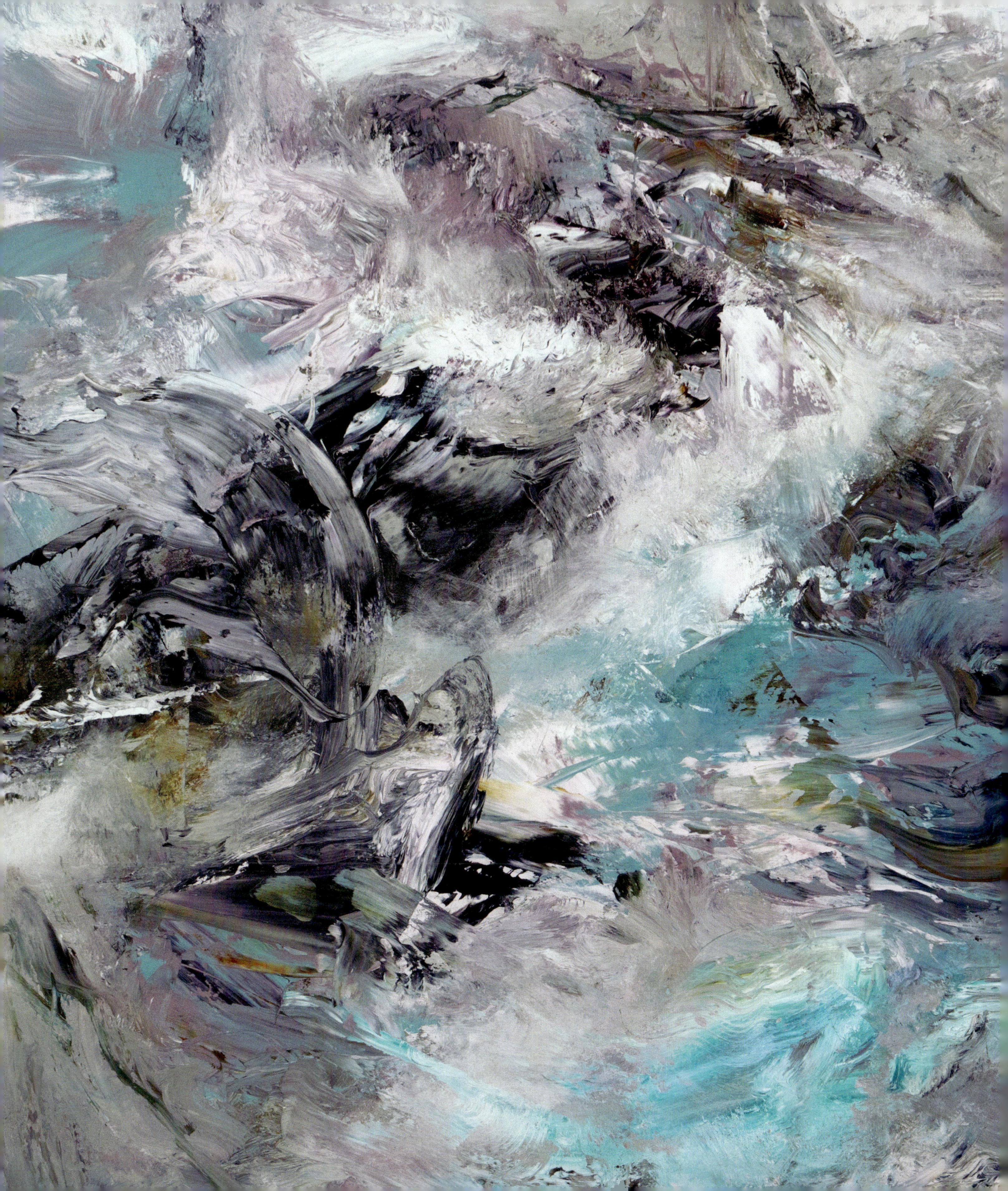

Published in conjunction with the exhibition *Michael Smith: Sea of Change/ Michael Smith: Mer mouvante,* organized by the Beaverbrook Art Gallery, 25 May to 27 October 2024.

Edited by Paula Sarson.
French Translation by Rachel Martinez.
Cover and page design by Julie Scriver.
On the cover: *Crossing* (detail), 2019 (triptych), acrylic on canvas, 228.6 × 629.9 cm. Private collection. Photo: Joseph Hartman
Printed in Canada by Friesens.
10 9 8 7 6 5 4 3 2 1

Library and Archives Canada Cataloguing in Publication

Title: Michael Smith : sea of change / John Leroux and Nancy Tousley = mer mouvante / John Leroux et Nancy Tousley.
Other titles: Sea of change | Mer mouvante | Container of (work): Michael Smith | Container of (expression): Michael Smith. French
Names: Leroux, John, 1970- writer of added commentary. | Tousley, Nancy, writer of added commentary. | Container of (work): Smith, Michael, 1951- Paintings. Selections. | Beaverbrook Art Gallery, publisher.
Description: Catalogue of an exhibition held at the Beaverbrook Art Gallery from May 25-October 27, 2024. | Includes bibliographical references. | Text in English and French.
Identifiers: Canadiana 20240284275E | ISBN 9781773104188 (hardcover)
Subjects: LCSH: Smith, Michael, 1951-—Exhibitions. | LCGFT: Exhibition catalogs.
Classification: LCC ND249.S623 A4 2024 | DDC 759.11—dc23

Goose Lane Editions and the Beaverbrook Art Gallery acknowledge the generous support of the Government of Canada, the Canada Council for the Arts, and the Government of New Brunswick.

Goose Lane Editions and the Beaverbrook Art Gallery are located on the unceded territory of the Wəlastəkwiyik whose ancestors along with the Mi'kmaq and Peskotomuhkati Nations signed Peace and Friendship Treaties with the British Crown in the 1700s.

Goose Lane Editions
500 Beaverbrook Court, Suite 330
Fredericton, New Brunswick
CANADA E3B 5X4
gooselane.com

Beaverbrook Art Gallery
703 Queen Street
Fredericton, New Brunswick
CANADA E3B 1C4
beaverbrookartgallery.org

Ouvrage publié à l'occasion de l'exposition *Michael Smith : Mer mouvante/Michael Smith: Sea of Change*, organisée par le Musée des beaux-arts Beaverbrook et présentée du 27 mai au 27 octobre 2024.

Traduction française : Rachel Martinez
Révision des textes en français : Hélène Ricard
Couverture et mise en page : Julie Scriver
Sur la couverture : *Crossing* (détail), 2019 (triptyque), acrylique sur toile, 228,6 × 629,9 cm. Collection privée. Photo : Joseph Hartman
Imprimé au Canada par Friesens.
10 9 8 7 6 5 4 3 2 1

Données de catalogage disponibles auprès de Bibliothèque et Archives Canada

Titre: Michael Smith : sea of change / John Leroux and Nancy Tousley = mer mouvante / John Leroux et Nancy Tousley.
Autres titres: Sea of change | Mer mouvante | Conteneur de (œuvre) : Michael Smith. | Conteneur de (expression) : Michael Smith. Français
Noms: Leroux, John, 1970- auteur de commentaire ajouté. | Tousley, Nancy, auteur de commentaire ajouté. | Conteneur de (œuvre) : Smith, Michael, 1951- Peintures. Extraits. | Musée des beaux-arts Beaverbrook, éditeur.
Description: Catalogue d'une exposition tenue au Musée des beaux-arts Beaverbrook du 25 mai au 27 octobre 2024. | Comprend des références bibliographiques. | Texte en anglais et en français.
Identifiants: Canadiana 20240284275F | ISBN 9781773104188 (couverture rigide)
Vedettes-matière: RVMGF: Catalogues d'exposition.
Classification: LCC ND249.S623 A4 2024 | CDD 759.11—dc23

Goose Lane Editions et le Musée des beaux-arts Beaverbrook remercient le gouvernement du Canada, le Conseil des arts du Canada et le gouvernement du Nouveau-Brunswick pour leur généreux soutien.

Goose Lane Editions et le Musée des beaux-arts Beaverbrook sont situés sur le territoire non cédé des Wəlastəkwiyik, dont les ancêtres, ainsi que les nations Mi'kmaq et Peskotomuhkati, ont signé des traités de paix et d'amitié avec la Couronne britannique dans les années 1700.

Goose Lane Editions
500, cour Beaverbrook, Bureau 330
Fredericton (Nouveau-Brunswick)
CANADA E3B 5X4
gooselane.com

Musée des beaux-arts Beaverbrook
703, rue Queen
Fredericton (Nouveau-Brunswick)
CANADA E3B 1C4
beaverbrookartgallery.org